イノベーションと内部非効率性

關智一 著
Tomokazu Seki

技術変化と企業行動の理論

東京 白桃書房 神田

まえがき

　イノベーションは，不思議な用語である。

　私見では，それは，経営学において頻繁に目にするのに対し，同じ社会科学分野でも，経済学となると，一転してそうした機会が減少する。また，イノベーションに関する具体的なキーワードにも，経営学と経済学とでは，やはり，明確な"違い"が見られる。経営学におけるイノベーションといえば，概念としての「創造的破壊」や「技術革新」であり，論者としての「シュンペーター」や「クリステンセン」であり，そして，具体的な成果としての「アントレプレナー」，といったものが思い浮かぶ。これに対し，経済学におけるイノベーションでは，概念としての「生産関数」や「技術進歩」であり，論者としての「ソロー」や「ボーモル」であり，そして，具体的な成果としての「TFP（＝MFP）成長率」，といったものになる。

　しかし，こうした"違い"は，単に認識上の差による問題にとどまらない。むしろ，一方が他方を否定する形で，イノベーションの定義をめぐる駆け引きも，断続的に行われているからである。たとえば，最近では，楠木（2013）による言及が挙げられる。楠木（2013）では，「本来の定義」に照らし合わせれば，「技術進歩」とは「『イノベーション』ではない」として，経済学におけるイノベーション理解が否定されている。つまり，楠木（2013）にとって，イノベーションの「本来の定義」とは，まさしく，「シュンペーター」のイノベーション観にほかならず，それはまた，経営学におけるイノベーション理解そのものでもある。

　「イノベーションとは何か。このことを明らかにするには，イノベーシ

1　楠木建（2013）「クリステンセンが再発見したイノベーションの本質」『DIAMOND ハーバード・ビジネス・レビュー』第38巻第6号（通巻297号），ダイヤモンド社，52頁。

ョンが『何ではないか』をまず押さえておく必要がある。多くの人はイノベーションを技術進歩と混同している。ここにそもそもの誤解がある。『進歩』という概念は人間社会に古くから存在する。それと異なるものを指し示す概念として提出されたのが，『イノベーション』であった。考えてみれば当たり前の話だが，イノベーションと進歩が同じものであれば，イノベーションという概念はそもそも不必要であり，固有の意味を持つ言葉として世のなかに定着しなかったはずだ。1911年の『経済発展の理論』においてジョゼフ・シュンペーターが示したオリジナルの議論に戻れば，イノベーションという現象を特徴づけるのは『非連続的な変化』である。これを受けて，ピーター・F・ドラッカーは『価値次元の転換』にイノベーションの非連続性の正体を求めた。この二つの条件が，イノベーションを考える時の重要なポイントになる。[2]」

　では，イノベーションの理解に対する，こうした認識の"違い"とは，いったいどこから生まれてきたのであろうか。こうした疑問を突き詰めていくことで，イノベーションという多面性を有した概念の"本質"に迫れるかもしれない。本書の問題関心とは，まさしく，こうした単純な発想に端を発している。そして，結論を先に述べるとすれば，本書では，イノベーションへの分析視角として，結果的に経済学的視点に着目することで，その"本質"に迫る道を選択している。その意味において，本書は，イノベーションの経営学的理解への批判的考察としての一面をも併せ持っている。しかし，その代償として，イノベーション理解にとって不可欠とされる，いわゆる，「企業家精神」なるものの"描写"という難問に直面することを，余儀なくされた。そこで，本書では，その解決策として，「内部非効率性」という概念に着目することとした。そして，本書全体を通じて積み上げられた検討結果から，最終的にイノベーションの現代的理解とその理論的解釈の明示を目指したわけである。

　本書における考察が，混沌としたイノベーション研究にとって，何らかの理論的貢献の一助となることを，切に願うばかりである。

2　同上，50頁。

本書は，筆者が勤務している立教大学経済学部の『立教経済学研究』に発表してきた4論文（關［2012, 2016a, 2016b, 2017］）を加筆・修正したものに，書き下ろしを加えたものである。

本書の構成は，次のとおりである。

本書では，第1章において，「現代企業のイノベーション課題」として，「企業家精神」，「機敏性」，「効率的な生産者」を取り上げ，それぞれの概要について論じている。こうした諸課題に直面している現代企業に対して，学術的な視点から，いったいどのような理論的解釈が可能となるのか。こうした自問自答の末に，イノベーションの現代的理解を今一度，具体的に明らかなものとする作業を試みたわけである。つづく第2章では，「現代企業のイノベーションと新たな理論展開」として，実際にイノベーションの現代的理解について，経済学における知見を援用しつつ，その基本的な構図を示していく作業を試みている。具体的には，現在もイノベーションの一般的理解として定着している，いわゆる，「Schumpeterのイノベーション観」を払拭していく作業を行った。そして，そうした作業の過程における副産物こそ，「Schumpeterのイノベーション観」に依らない「企業家精神」の理論的解釈であり，この点については，第3章「現代企業における企業家精神の所在」において，詳しく論じている。とくに，イノベーションの現代的理解との整合性と，「企業家精神」のオルタナティブな分析視角とを併せ持つ理論として，第3章ではKirznerやLeibensteinの研究を中心的に取り上げた。そして，こうした考察を経て，図らずも再確認された点とは，イノベーションの現代的理解における，いわゆる，「内部非効率性」の視点の重要性についてであった。この点に関しては，第4章「現代企業の戦略理論と内部非効率性」，第5章「現代企業の組織変革と内部非効率性」において改めて取り上げ直し，それぞれ詳しく検討を行っている。前者においては，「競争戦略論」における理論的な視点から，後者においては，GEの「ローカル・グロース・チーム」における企業分析的な視点から，現代企業のイノベーションにおける「内部非効率性」の重要性について検討を行った。そして，最後に，第6章においては，これまでの考察結果を踏まえ，文字通り，本書の「総括」と「今後の課題」が示され

る。とくに，「今後の課題」においては，本書が明らかにしてきた「イノベーション」及び「内部非効率性」について，それぞれの残された理論的課題とともに，さらには，本書全体の理論的限界についても触れている。

その意味では，本書の考察は，イノベーション研究に向けた，第一歩についてを記したに過ぎない。

本書を執筆するに際しては，多くの方々から，貴重なコメントやアドバイスをいただいた。

これまで，勤務先が何度か変わったが，幸運にも，小樽商科大学商学部，東洋大学経営学部，そして現在の立教大学経済学部にて，学術的な刺激や支援を等しく得ることができた。小樽商大時代には，小田福男先生，高田聡先生，李濟民先生，穴沢眞先生，玉井健一先生，東洋大学時代には，中村久人先生，柿崎洋一先生，松村良平先生，中島裕喜先生，そして立教大では，遠山恭司先生，首藤若菜先生，田島夏与先生，さらには，ゼミナール所属学生からも，本書執筆への沢山のヒントをいただいた。

本書の内容の一部は，筆者が所属する研究学会（日本経営学会，多国籍企業学会，国際ビジネス研究学会など）において報告もし，そうした場においてフロアから頂戴した批判やアドバイスもまた，やはり，執筆に際しての大きな糧となった。竹田志郎先生（横浜国立大学名誉教授），浅川和宏先生（慶應義塾大学大学院経営管理研究科教授），安室憲一先生（兵庫県立大学名誉教授），大石芳裕先生（明治大学経営学部教授），諸上茂登先生（明治大学商学部教授），桑名義晴先生（桜美林大学経済・経営学系教授），内田康郎先生（富山大学経済学部教授），伊田昌弘先生（阪南大学経営情報学部教授），藤澤武史先生（関西学院大学商学部教授），田端昌平先生（近畿大学経営学部教授），星野裕志先生（九州大学大学院経済学研究院教授），梅野巨利先生（大阪商業大学総合経営学部教授），古沢昌之先生（近畿大学経営学部教授），山口隆英先生（兵庫県立大学大学院経営研究科教授），臼井哲也先生（日本大学法学部教授），安田賢憲先生（創価大学経営学部准教授），この他，お世話になったすべての方々にお礼を申し上げたい。

林倬史先生（立教大学名誉教授）には，立教大学大学院以来，20年間以上，公私にわたり御指導いただいた。林先生からの叱咤激励がなければ，本書が完成に至ることはなかった。心より感謝申し上げる。また，秋野晶二先生（立教大学経営学部教授），そして，秋野先生の主催する研究会仲間である，古井仁先生（徳山大学経済学部教授），金綱基志先生（南山大学総合政策学部教授），井口知栄先生（慶應義塾大学商学部准教授），山中伸彦先生（立教大学大学院ビジネスデザイン研究科教授），坂本義和先生（日本大学商学部准教授），高橋俊一先生（立正大学経営学部准教授），荒井将志先生（亜細亜大学国際関係学部講師），からも，厳しくも有益なコメントを何度も頂戴した。本書の完成には，予想以上に時間がかかってしまった。学部時代の恩師である，故・高浦忠彦先生（立教大学名誉教授），そして高浦ゼミでの先輩である，故・加茂紀子子先生（元日本大学商学部助教授）に本書をお見せできなかったことは，心より悔やまれる。

　最後に，私を研究者生活へと送り出してくれた，父・關義昭と母・關政美，私の研究者生活を見守ってくれた，義父・安鶴洙と義母・李貞子，そして，私の研究者生活を支え続けてくれている，妻・安銀柱と娘・關玲奈には，この場を借りて，感謝の意を表したい。

　なお，本書は，立教大学経済学部の出版助成の対象として，立教大学経済学部叢書の一つとして刊行された。学部の手厚い支援に対しても，記して感謝申し上げる。そして，出版事情の厳しい折，本書の出版を快くお引き受けいただいた白桃書房の大矢栄一郎社長には，心から謝意を表したい。

　　2017年盛夏の池袋キャンパスにて

關　　智一

目次

まえがき……i

第1章

現代企業のイノベーション課題：
企業家精神，機敏性，そして効率的な生産者 …… 1

1-1 問題の所在 ……………………………………………………………… 1

1-2 イノベーション課題としての「企業家精神」：
「企業家精神の供給」に向けた「組織管理上の工夫」 ……………………… 1

   （1）「シュンペーター仮説」と「企業家精神」 ……………………………… 1

   （2）GE Healthcareの「ローカル・グロース・チーム」 ………………… 8

1-3 イノベーション課題としての「機敏性」：
「新しい機会への機敏さ」による「効用の創出」 …………………………… 13

   （1）「X-非効率性」と「新しい機会への機敏さ」 …………………………… 13

   （2）Marshallの「効用の創出」 ……………………………………………… 16

1-4 イノベーション課題としての「効率的な生産者」：
「イノベーター」と「効率的な生産者」の不一致 ……………………………… 21

1-5 小括 ……………………………………………………………………… 25

第2章

現代企業のイノベーションと新たな理論展開：
Schumpeter体系からの解放 …… 27

2-1 問題の所在 ……………………………………………………………… 27

2-2 「イノベーション」の現代的理解：「生産関数のシフト」と2つの成長理論 …… 28

   （1）「生産関数」，「TFP（＝MFP）」，そして「新古典派成長理論」………… 28

      （a）「技術進歩」，「ソロー残差」，そしてイノベーションの「計測」… 28

      （b）「プロセスイノベーション」，「プロダクトイノベーション」，そして「生産性の向上」… 40

   （2）「アイデア」，「スピルオーバー」，そして「内生的成長理論」………… 44

2-3 Schumpeterのイノベーション観：
「創造的破壊」，「技術の革新」，そして「企業家精神」……………………… 54

(1) 「技術の革新」と「創造的破壊」…………………………………… 54

(2) 希少性としての「企業家精神」…………………………………… 59

2-4 「イノベーション」をめぐる新たな理論展開：
「シュンペーター仮説」と「企業家精神」…………………………………… 63

2-5 小括……………………………………………………………………… 69

第3章
現代企業における企業家精神の所在：
「内部非効率性」を相殺する何か……………………………… 73

3-1 問題の所在 ……………………………………………………………… 73

3-2 「企業家精神」と「組織管理上の工夫」：「小規模な独立組織の有効性」……… 74

3-3 「企業家精神」と「内部非効率性」：
Kirzner, Leibenstein, そして Williamson…………………………… 82

(1) 「企業組織の規模の拡大」と「組織内取引のコスト」………………… 82

(2) 「内部非効率性」としての「自由裁量」………………………………… 88

(a) 「不完全な雇用契約」に基づく「従業員」の「自由裁量」………… 88

(b) 「不完全な雇用契約」に基づく「経営者」の「自由裁量」………… 92

3-4 「企業家精神」の定義とその課題：息を吹き返すSchumpeter体系………… 98

(1) 「企業の行動心理」という新視点………………………………… 98

(2) 「企業家精神」の定義化を阻むもの ……………………………… 104

3-5 小括……………………………………………………………………… 110

第4章

現代企業の戦略理論と内部非効率性：
「競争戦略論」における2つの誤謬 ………………… 113

4-1 問題の所在 …………………………………………………………… 113
4-2 「業務効果」の本質：「勝者のいないレース」へと誘う「元凶」… 114
（1） 「業務効果」とは何か ………………………………………… 114
（2） 「業務効果」と「競争優位」 ……………………………… 118
（3） 「業務効果」と「戦略」 …………………………………… 122
4-3 「競争戦略論」の限界：「新古典派企業観」の踏襲 ………… 129
（1） 「競争戦略論」と「新古典派企業観」 ………………… 129
（2） 価格競争をめぐる理論と実際 ……………………… 132
（3） 「配分上の非効率性」と「X非効率性」 ……………… 137
4-4 小括 …………………………………………………………………… 141

第5章

現代企業の組織変革と内部非効率性：
GE Healthcareの事例を中心に ……………………… 143

5-1 問題の所在 …………………………………………………………… 143
5-2 顕在化する「内部非効率性」：「組織慣性力」への動態的理解 …… 144
（1） 「組織慣性力」とは何か ……………………………………… 144
（2） 「日本企業の国際化」と「内部非効率性」 ……………… 148
（a） 「国際化プレミアム」という「内部非効率性」 ……… 148
（b） 「NIH症候群」という「内部非効率性」 ……………… 152
5-3 「内部非効率性」と「組織変革」：機能主義アプローチの援用可能性 ……… 154
（1） 「打ち消し合う力が混在する組織」における「対立の解決策」 ……… 154
（2） 内部非効率性分析への機能主義アプローチの援用可能性 ……… 160
5-4 小括 …………………………………………………………………… 164

第6章
総括と今後の課題：
イノベーションと内部非効率性 ································ 167

6-1 総括 ·· 167
6-2 今後の課題 ·· 170
（1）「イノベーション」をめぐる残された課題 ······················ 170
（2）「内部非効率性」をめぐる残された課題 ······················ 173
（3）再び「イノベーション」をめぐる残された課題 ············ 176

引用文献 ·· 182
　外国語文献 ·· 182
　日本語文献 ·· 188
索引 ·· 192
　事項索引 ·· 192
　人名・社名索引 ·· 195
初出一覧 ·· 198

図表目次

図表1-1　イノベーションの本質，インプット，企業規模との関係…………………… 4
図表1-2　ローカル・グロース・チームの5原則 ……………………………………… 12
図表1-3　ビジネスチャンスにつながる不均衡の状況のタイプ ……………………… 16
図表1-4　主要電機メーカーの研究開発集約度と売上高営業率利益率の推移：2006〜2015年 … 19
図表1-5　主要電機メーカーの研究開発効率の推移：2008〜2015年 ……………… 20
図表1-6　電機大手8社の連結業績（2013年3月期）………………………………… 23
図表2-1　イノベーションによる生産関数のシフト …………………………………… 31
図表2-2　成長会計……………………………………………………………………… 33
図表2-3　主要国のMFP上昇率の推移………………………………………………… 34
図表2-4　FranceのGDP成長率と構成要素：1985〜2015年……………………… 35
図表2-5　GermanyのGDP成長率と構成要素：1985〜2015年…………………… 36
図表2-6　JapanのGDP成長率と構成要素：1985〜2014年 ……………………… 37
図表2-7　United KingdomのGDP成長率と構成要素：1985〜2015年 ………… 38
図表2-8　United StatesのGDP成長率と構成要素：1985〜2015年……………… 39
図表2-9　「第3回全国イノベーション調査報告」における「用語の定義」………… 45
図表2-10　TFP構成要素（Factors Composing TFP）………………………………… 50
図表2-11　新結合の遂行：五つの場合………………………………………………… 57
図表2-12　シュンペーター仮説を「支持する論理」，「反対する論理」……………… 65
図表3-1　イノベーションへのインセンティブ：3つの効果 ………………………… 78
図表3-2　内部非効率性の諸源泉……………………………………………………… 90
図表3-3　経営者の自己利益…………………………………………………………… 93
図表4-1　「見える化」が実施される業務改善の枠組み例 ………………………… 115
図表4-2　業務効果の評価項目………………………………………………………… 116
図表4-3　業務効果と戦略の対比……………………………………………………… 123
図表4-4　戦略分析：支配的企業が1社のみ存在する場合 ………………………… 125
図表4-5　コカ・コーラとペプシの行動：1984〜1992年 ………………………… 133
図表4-6　コモディティ化の3要素とその影響……………………………………… 136
図表5-1　組織慣性理論の基本視点…………………………………………………… 146
図表5-2　組織変革，組織慣性力，そして内部効率性（左）・内部非効率性（右）… 147
図表5-3　グローバル事業部門リーダーたちのLGTに対する反応………………… 157
図表5-4　LGTを監督する経営幹部が果たすべき職務……………………………… 159
図表6-1　非効率の3分類……………………………………………………………… 174

x

第1章

現代企業のイノベーション課題：
企業家精神,機敏性,そして効率的な生産者

1-1 問題の所在

　本章の目的は，現代企業の「イノベーション（innovation）」について，次の3つのキーワードを中心に，その理論的課題の大まかなイメージを描き出すことにある。すなわち，「企業家精神（entrepreneurship）」，「機敏性（alertness）」，そして「効率的な生産者（the more efficient producers）」の各視点について，Schumpeter（1950），Kirzner（1973），そしてBaumol（2002）らの研究を参考に，それぞれの理論的課題を明らかにすることを行う。この他にも，後出するLeibenstein（1978）の「X-非効率性（X-inefficiency）」，青木・伊丹（1985）の「イノベーションと企業家精神」，そしてHébert and Link（1982）や池本（2004）の「企業家機能」の研究など，いわば経済学における「企業行動（corporate behavior）」及びイノベーション研究の諸成果を積極的に取り入れることで，より包括的なイノベーション課題の提示を目指している。

1-2 イノベーション課題としての「企業家精神」：
「企業家精神の供給」に向けた「組織管理上の工夫」

(1)「シュンペーター仮説」と「企業家精神」

　青木・伊丹（1985）には，次のような一節がある。

　　「シュンペーター仮説とふつういわれているものは，2つの異なった仮説からなっている。一つは企業規模に関する仮説で，規模の大きい企業ほどイノベーションが活発である，という仮説である。第2の仮説は独

1

占力に関するもので，製品市場において独占的地位の高い企業ほどイノベーションを活発に行う，という仮説である…（中略）…しかし，いずれのシュンペーター仮説でも大企業あるいは独占の優位性が主に情報蓄積と危険資本の供給についての優位性であり，小企業あるいは競争のメリットが主として企業家精神についての優位性であったことは，注目してよい…（中略）…企業家精神の供給に困難が発生する可能性のかなりある，企業の極端な大規模化あるいは極端な独占は，その困難を解決できる組織管理上の工夫がされない限り，おそらくイノベーションにとってあまり望ましくないことになるであろう。[1]」

　文中に登場する「シュンペーター仮説（Schumpeterian hypothesis）」とは，まさしく，「企業規模が大きく市場占有率の高い企業ほどイノベーションを活発に行う[2]」，とする仮説である。同仮説そのものは，あくまで後世の研究者による創作であるが，たしかにSchumpeter（1950）の*Capitalism, Socialism and Democracy*（邦題：『資本主義・社会主義・民主主義』）には，いわゆる，「創造的破壊（creative destruction）[3]」の主要な担い手として，「大規模組織または大規模支配単位」が「経済進歩，とりわけ総生産量の長期的増大のもっとも強力なエンジンとなってきた[4]」，との記述が残されている。

　　「単純独占および差別独占の理論は，限られた場合を除けば，独占価格が競争価格より高く，独占的生産量が競争的生産量より小であると教える。いずれの場合にも，生産方法や生産組織―その他いっさいのもの―がまったく同一であるとすれば，このことは真理である。しかし実際には，競争者の集団にとってはまったく利用しえないか，もしくはそうやすやすと利用しえないものでありながら，独占者にとっては利用しうるようないっそうすぐれた方法が存在する。というのは，企業の競争的水

1　青木昌彦・伊丹敬之（1985）『企業の経済学』岩波書店，242～244頁。
2　永田晃也・後藤晃（1998）「サーベイデータによるシュムペーター仮説の再検討」『ビジネスレビュー』第45巻第3号，38頁。
3　Schumpeter, J. A., (1950), *Capitalism, Socialism and Democracy*, 3rd ed., Harper & Row, p.83.（中山伊知郎・東畑精一訳『資本主義・社会主義・民主主義』東洋経済新報社，1995年，130頁）
4　*Ibid.*, p.106.（邦訳，164頁）

準でも全然得られないわけではないが，事実上は独占的水準においてのみ確保されるような利益が存在するのである。それは，たとえば独占化がよりよき知能の影響力の範囲を拡大し，より劣った知能の影響力を縮小せしめるからであり，あるいはまた独占によって他では得られないような金融的地位が享受できるからである。[5]」

しかし，これまでの統計分析による検証結果についてみると，「シュンペーター仮説」を支持するに足るだけのデータは，実は得られていない。

　　「市場の集中度とイノベーションの関係については，研究の結果は一様ではないが，おおむね明確な相関はないとするものが多い…（中略）…企業規模とイノベーションの関係については，イノベーションのインプットである研究費は企業規模と比例的に単調に増加するが，特許などアウトプットは比例以下でしか増加しない，という結果を得ているものが多い。この結果からは，独占的な市場においてイノベーションが実現しやすいとも，大企業のほうがイノベーションに有利だともいえないことになる。[6]」

では，なにゆえに，「大規模組織または大規模支配単位」の「優位性」は，必ずしも「イノベーション」の「優位性」として機能しない，と解されているのであろうか。その理由として，青木・伊丹（1985）は，「企業家精神」の存在を指摘するのである。

　　「イノベーションに関する議論でかならず登場する企業家精神ということばは，現状の破壊を恐れない，新しいものに挑戦してみようという一種の衝動あるいはそういった精神的態度を可能にする能力という意味をもっていると理解すべきである。[7]」

つまり，図表1-1にあるように，「イノベーションのインプット」として「情報」と「危険資本」，そして「企業家精神」を想定した場合，「情報」と「危険資本」では「大企業が有利」と考えられるが，逆に「企業家精神」では「大企業が不利」と考えられる，というのである。

5　*Ibid.*, pp.100-101.（邦訳，156頁）

6　後藤晃（2000）『イノベーションと日本経済』岩波書店，33頁。

7　青木・伊丹（1985）前掲書，岩波書店，228頁。

第1章　現代企業のイノベーション課題：企業家精神，機敏性，そして効率的な生産者　3

図表1-1　イノベーションの本質，インプット，企業規模との関係

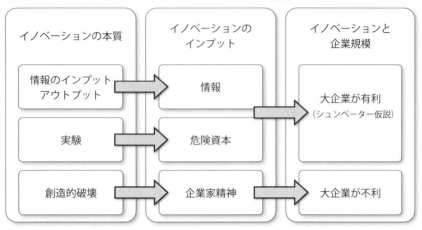

出所：淺羽茂（2004）『経営戦略の経済学』日本評論社，177頁，に筆者一部修正。

　「まず企業規模について，シュンペーター仮説を支持する論理は，規模の大きい組織は情報蓄積と危険資本の両面で優位に立つとする。規模が大きければ，イノベーションのための研究開発を行う優秀な人材を多く持つことができる。基礎研究も含めてさまざまな研究開発を企業内で行うこともできる。過去の事業活動からの情報蓄積も大きいだろう。これらの理由で，大企業ほど情報蓄積の面で有利になる。危険資本についても，同様である。大企業ほど内部資金の蓄積が大きく，それをみずからの責任で企業全体を危険にさらすことなくイノベーション活動に投資できる。あるいは外部からの資金調達の際にも，企業規模は信用の大きさと関係をもち，やはり大企業は優位に立つ…（中略）…企業家精神の面では，小企業の方が優位に立つ。大企業につきもののきっちりとした管理組織，とくに官僚制組織はそこに働く人々の企業家精神を殺す傾向がある。さらに大企業のもつ経済的な余裕も，人々を現状に安定させ，実験への意欲，創造への挑戦欲を引き出さない危険がある。また，大企業ほど既存分野での既得権益と利害が大きく，現状への創造的破壊をやりにくい状況におかれている。それに対して，企業者的経営者にひきいら

れた小企業は企業家精神に関して上にあげたすべての面で，大企業より
優位に立つことができる。[8]」

　こうして，「規模の大きい組織」であればこそ，いわゆる「ビューロクラシ
ーの逆機能（dysfunctions of bureaucracy）」＝「官僚制の逆機能」と呼ばれ
る現象により，「大企業」に，重要な「イノベーションのインプット」であ
る「企業家精神」が「供給」されない，というのである。この「官僚制の逆
機能」については，Merton（1957）に詳しい。

　　「訓練された無能力とは，人の才能がかえって欠陥または盲点として
　作用するような事態のことである。訓練と技倆にもとづいてこれまでは
　効果のあった行為も，変化した条件下では不適当な反応に終ることがあ
　る。技倆の発揮に柔軟性が欠けていると，変化した環境の下では多かれ
　少かれ重大な不調整に終る…（中略）…もともと規則を守ることは一つ
　の手段だと考えられていたのに，それが一つの自己目的に変わるのであ
　る。ここには，目標の転移というよくある過程が生じており，そのため
　『手段的価値が終極的価値となってくる』…（中略）…もとの目標が転移
　し，力の入れ処がこのように変る結果，融通のきかない朳子定規となり，
　迅速な適応能力が欠けることになる。所定の手続きを几帳面に守るのだ
　といういかにも文句のつけようのない口実で，形式主義，さらには儀礼
　主義が生じてくる。この傾向がいっそう昂ずると，規則遵守の関心が第
　一となって，そのために組織の目標達成が阻害されるようになる。それ
　こそ，職員の技術主義とか繁文縟礼とかいう，日常よくみかける現象で
　ある。ビューロクラシーの生辞引こそ，この目標転移過程の極端な産物
　というべきで，そういう人物は自分の行為を拘束する一つ一つの規則に
　拘泥するあまり，多くの顧客に便宜を計ってやることができない。[9]」

　つまり，「分化した統制と制裁の体系」と「訓練された，有給の専門家」に
よって構成される「官僚制組織」とは，たしかに「規模の大きい組織」の運

8　同上，242〜243頁。

9　Merton, R. K., (1957), *Social Theory and Social Structure: Toward the codification of
　theory and research*, Free Press, pp.252-254.（森東吾・森好男・金沢実・中島竜太郎訳
　『社会理論と社会構造』みすず書房，1961年，181〜183頁）

営に適しているものの，その反面，「訓練された無能力（trained incapacity）」といった数多くの「欠陥」を有しており，これらが「そこに働く人々の企業家精神」に対して「逆機能」として作用する，というのである[10]。たとえば，米倉（2017）は，そうした「訓練された無能力」の醸成について，昨今の日本企業を例に，その「利益率軽視」の「企業風土」を主犯として，次のように述べている。

　　「世上では，利益率重視主義がイノベーションを阻害するというまことしやかな議論がなされているが，日本の場合は利益率軽視が不必要な多角化や事業部門の温存を生み，その生ぬるい企業風土が優秀な人材を腐らせているのである[11]。」

　また，同様な理屈で，青木・伊丹（1985）では，「独占的地位」もまた「大企業」に「企業家精神の供給」を「難しく」させてしまう，としている。

　　「第2のシュンペーター仮説は独占とイノベーションの関係についての仮説である。この仮説を支持する論理は，独占によってうまれる超過利潤が危険資本の源泉となり，また企業内に余裕のある情報蓄積を可能にする財源となる，という。さらに技術の本質の一つがその公共財的な性格とくにフリー・ライダーの可能性であることであるから，独占によって自分の開発する技術が経済的成果を確保する保証がなければ，そのような公共財の私的生産が行われにくい。これに反対する論理の骨子は，企業家精神の供給が独占企業では難しくなるということである。独占的地位は既得権益そのものである，とこの論理ではいう。そこではイノベーションの本質である創造的破壊を試みようとする動機は小さくなるのが当然である。また競争による脅威の存在が，企業に実験というリスク・テーキングをさせる刺激になる[12]。」

　ここで挙げられている「独占とイノベーションの関係」として，真っ先に思

10　*Ibid.*, p.250.（邦訳，179頁）

11　米倉誠一郎（2017）「企業の新陳代謝とクレイジー・アントルプルヌアの排出」一橋大学イノベーション研究センター編『一橋ビジネスレビュー』第64巻第4号，東洋経済新報社，76頁。

12　青木・伊丹（1985）前掲書，岩波書店，244頁。

い浮かぶのは，「技術独占の法的保証としての特許」，についてであろう。た
とえば，林（1989）は，「シュムペーター仮説において，独占的諸企業の技術
革新行動が中枢的位置を占めていることの理論的帰結として，そうした技術
革新の成果を一定期間保護する措置としての特許政策が，これら企業の重要
な経営戦略として位置づけられている」，と指摘している[13]。つまり，「独占的
地位」にある「大企業」ほど，こうした「特許政策」によって自らの「経済
的成果を確保する保証」とし，そこから得た「超過利潤」をもって，新たな
「イノベーション」への取り組みを可能とする，という論理である。

　これに対して，「研究開発に規模の経済性が作用しない」，との主張も存在
している。たとえば，中小企業庁（2002）によると，たしかに「研究開発費
が増加すると特許出願件数は増加する」ものの，「そのペースは研究開発費の
伸びより緩やか」であり，「研究開発費の１％の増加は特許出願件数を約0.6
％しか増加させない」，と結論づけている[14]。そうした「要因」について，中
小企業庁（2002）は，「ベンチャー企業などに見られるようにインセンティブ
の高さによるハードワーク」，などを指摘している[15]。つまり，いくら「研究
開発費」が「増加」されたとしても，「イノベーション」への「インセンティ
ブ」を低下させてしまう可能性を併せ持つ「独占的地位」とは「大企業」に，
必ずしも「イノベーション」の「優位性」をもたらすとは限らない，という
ことである。この点に関して，宮田（2011）は，具体的な企業活動になぞら
えながら，次のように評している。

　　「まず，官僚的組織になっている独占・大企業は意思決定が遅い。一方，
　　ベンチャー企業は創業者のトップダウンで迅速に行動できる。また，独
　　占・大企業は収益を上げている既存製品を陳腐化させたくないので，画

13　林偉史（1989）『多国籍企業と知的所有権―特許と技術支配の経済学』森山書店，40
　　頁。
14　中小企業庁編（2002）『中小企業白書 2002年版』105頁。
15　同上，106頁。ただし，中小企業庁（2002）が依拠している研究の１つである，Acs
　　and Audretsch（1987）においても，「多くの業種では大企業がより革新的といえるし，
　　それ以外の多くの業種では同様に中小企業がより革新的であるともいえる」として，そ
　　の優劣には差がない，との結論が最終的に記されている。Acs, Z. J. and Audretsch, D. B.,
　　(1987), "Innovation, Market Structure, and Firm Size," *The Review of Economics and
　　Statistics*, Vol. 69, No. 4, p.574.

期的な新製品を商品化したくない。既存製品の事業部が企業内で主流派になっていれば，それを否定するような新製品の導入は企業内の政治力学からも考えにくい。ベンチャー企業は失うものが何もないし，かえって市場を独占できるので画期的な新製品を積極的に商品化しようとする。市場シェアが0％から100％になるのを目指すのである。[16]」

　こうして，小企業も「大企業」に伍する「イノベーション」を実現し得る，とする理屈が提示されたことにより，ここから「大規模組織または大規模支配単位」の「優位性」は，「イノベーション」の「優位性」として，必ずしもイコールで結ばれず，だからこそ「シュンペーター仮説」を完全に支持する統計データもまた得られない，との一応の解釈が成立することになる。そして，このことを踏まえ，改めて冒頭の一節に立ち返るならば，「企業の極端な大規模化あるいは極端な独占」にとって，「企業家精神の供給」とは，まさしく「解決」すべきイノベーション課題の1つであり，やはり，なんらかの「組織管理上の工夫」が渇望されている，と解釈することができよう。

(2) GE Healthcareの「ローカル・グロース・チーム」

　GE（General Electric）は，世界約170ヶ国に拠点を有し，合計で約30万人を雇用する多国籍企業（multinational corporation：MNC）である。2017 Fortune Global 500のランキングでは，同社は売上高約126.7億ドルで世界第31位に付けるなど，名実ともに米国及び世界を代表する製造業企業の1つである。GEの主要事業としては，power事業，aviation事業などが有名であるが，近年注目を集めているのがhealthcare事業である。2016年度，同事業の売上高に占める割合は14.7％と，先のpower事業やaviation事業に次いで，第3位の規模を誇っている。

　そもそも医療用画像診断機器のトップメーカーであるGEは，超伝導MRI（磁気共鳴断層撮影装置）の稼働実績では世界トップシェアを維持し続けている。この他にも，CT（コンピュータ断層撮影装置）や超音波診断装置（US），骨密度測定装置，核医学検査装置（MI），PET用放射性診断薬関連機器，一

16　宮田由紀夫（2011）『アメリカのイノベーション政策―科学技術への公共投資から知的財産化へ』昭和堂，185頁。

般X線撮影装置（X-ray）など，最先端技術を駆使したハイエンドな製品開発
に実績を持っている。[17] こうした製品群は，主に先進国市場に受け入れられて
きたが，近年では貧困層向けに現地開発された製品が，逆に先進国市場にお
いても受け入れられる可能性を知らしめるなど，「リバース・イノベーション
（reverse innovation）」のフロンティア企業としても，GEの名は，世界中に
知られつつある。

　Immelt *et al.* (2009) によると，GEは1990年代に米国と日本で開発された
超音波診断装置を中国に持ち込んだが，10万ドル超という高価格とスペース
を必要とする装置の大きさ，そして，その操作の複雑性ゆえに，まったく市
場に受け入れられなかったという。その後，2002年に中国でノートPCに超
音波探触子と先端ソフトウェアを搭載した3万ドルの携帯型モデルが開発さ
れ，最終的に2007年には1万5,000ドルの低価格モデルが発売されると，農村
部の診療所をはじめとして中国全土に幅広く受け入れられるようになり，さ
らにはアメリカやカナダといった先進国市場でも同装置の売上げが急拡大し
たというのである。[18] また，それ以外の先進国市場には，同じくインドで現地
開発されたものが投入されたという。

　　「〈MAC400〉はインド特有の制約条件とニーズに合わせて設計された
　　が，すぐに先進国でも市場が見つかった。関係者のだれもが驚いたこと
　　に，〈MAC400〉の売上高構成において欧州がすぐに約半分を占めるよう
　　になった。この機器は，より大きなシステムを買う余裕がなかった個人
　　の開業医には，ぴったりのソリューションとなったのだ。この早期の成
　　功から，国際規格をすべて満たそうとしたLGTの先見性が証明された。[19]」
　こうした「リバース・イノベーション」の成功事例を，多国籍企業による

17　日本GEウェブサイト（URL http://www3.gehealthcare.co.jp/）

18　Immelt, J. R., Govindarajan, V. and Trimble, C., (2009), "How GE is Disrupting It-
　　self," *Harvard Business Review*, Vol. 87, No. 10, October, pp.60-61.（関美和訳「GE：リバ
　　ース・イノベーション戦略──画期的な新製品は新興国から生まれる」『ハーバード・ビジ
　　ネス・レビュー』第35巻第1号（通巻256号），2001年，126〜127, 131〜132頁）

19　Govindarajan, V. and Trimble, C., (2012), *Reverse Innovation: Create far from home,
　　win everywhere*, Harvard Business Review Press, p.153.（渡部典子訳・小林喜一郎解説
　　『リバース・イノベーション──新興国の名もない企業が世界市場を支配するとき』ダイヤ
　　モンド社，2012年，266頁）

第1章　現代企業のイノベーション課題：企業家精神，機敏性，そして効率的な生産者　9

単なる新興国市場向けのマーケティング戦略の一種としてだけでなく，「大規模組織または大規模支配単位」が直面するイノベーション課題の「解決」に向けた，まさしく「組織管理上の工夫」の一例としてとらえることも可能である。なぜならば，GEの「リバース・イノベーション」とは，「ローカル・グロース・チーム（Local Growth Team：LGT）」という別組織を自社内に新たに設置することを実質的な特徴としていたからである。それは，目の前のビジネスチャンスを素早く掴み取ろうとするような，そうしたメンバーによって構成された「新しい形態の組織」である，といえる。

　　　「リバース・イノベーションにおいて，おそらくもっとも重要なことは，新興国市場で製品やビジネスモデルのイノベーションが次々に生まれてくるように，自社に新しい形態の組織を用意することである[20]。」

後述するように，これまでも同様な取り組みは，「大規模組織または大規模支配単位」において，繰り返し試行されてきた。しかし，その障害となってきたのは，常に「長い時間をかけて出来上がった組織構造，経営慣行，態度を変えること[21]」への，激しい抵抗・反発であったとされる。たとえば，Immelt et al.（2009）は，「LGT」には一組織としての独立性とともに，巨大組織の一部としての権利・権限が付与されるべきとしつつも，同時にそうした行為が従来までのGEの「グローバル組織（global organization）」との軋轢を不可避なものとし，一歩間違えば「リバース・イノベーション」そのものを破壊してしまう可能性について言及している。

　　　「問題は，グローカリゼーションとリバース・イノベーションは相容れないことである。また，グローカリゼーションは今後も重要な戦略であり続けるであろうから，単純に置き換えることもできない。とはいえ，これら2つのモデルを共存させるだけでも十分でない。そこには相乗効果が必要である。しかし，それは『言うは易く，行うは難し』である。多国籍企業のグローカリゼーションを成功に導いてきたのは，中央集権的で製品中心の組織構造と経営慣行であるが，これは分散型で地域市場を志向するリバース・イノベーションの足かせになるからだ。リバース・

20　Immelt, Govindarajan and Trimble,（2009），*op. cit.*, p.62.（邦訳，131頁）
21　*Ibid.*, p.61.（邦訳，130頁）

イノベーションには，ここに投入される人材と資源のほとんどすべてを，地域市場に配置し，そこで管理する必要がある。これら『ローカル・グロース・チーム』（LGT）には，個々に責任を負わせる一方，地域特性に応じた製品の開発，製造，営業，サービスに関する権限，そして世界各国のGEの資源を利用できる権利が必要である。新興国市場で成功を収めた製品は，間違いなくグローバルに展開できる。その際，これまでにない使い方を開発したり，価格帯を引き下げたり，あるいは先進国で販売している高マージン製品と競合させるために，これらのイノベーションを利用することも考えられる。これらのアプローチはいずれも，グローカリゼーションとは対極のものである[22]。」

　図表1-2の「ローカル・グロース・チームの5原則」には「経営陣はLGTを直属に置く」との明記がある。「LGT」の成否の鍵は，いかに「LGT」そのものを運営するべきかという点よりも，いかに「LGT」を既存の組織構造・文化から守るべきかという点にある，ということを示唆している。そして，それは，巨大多国籍企業GEをもってしても，決して容易な作業ではない。むしろ，巨大多国籍企業であるがゆえに，さらに困難な作業である，ともいえる。

　　「いま最大の実験が始まろうとしている。GEは，インドでの成長を加速させるために，インド国内の全事業を統合し，インドだけのP&L（損益計算書）を作成し，また全世界のGEのR&D資源を利用できるよう，この新しい組織に大きな裁量を与えることに取り組んでいる。このユニットは，副会長直属のシニア・バイス・プレジデントが統括する予定である。『まず製品，次に地域』という業績評価基準に慣れ親しんできた組織のなかで，このユニットは異質な存在である。それでも，これに挑戦し，新市場を創造できるのかを見届けるつもりである。そのためにGEは，異なる幹をどのように育てるのかを学ばなければならない。インドだけのP&Lを作成することへの抵抗は，GEにとって最大の挑戦であることを物語っている。多くのマネジャーが，グローカリゼーションを加速させることにこれまでのキャリアを費やしてきた。これらの人たちの

22　*Ibid.,* p.58.（邦訳，124〜125頁）

図表1-2　ローカル・グロース・チームの5原則

① 成長が見込める地域に権限を移転する
自律的に行動できなければ，LGTは，グローバル事業に手足を縛られてしまい，新興国市場の顧客が抱えている問題に集中できない。つまり，独自の戦略，組織，製品を開発する権限が必要である。

② ゼロから新製品を開発する
先進国と新興国の間には，所得や社会インフラの格差，持続可能性に対する温度差が大きいことを考えると，リバース・イノベーションはゼロからの出発でなければならない。グローバル製品のカスタマイズでは，このような大きなギャップを埋めることはできない。

③ 新会社と同じく，ゼロからLGTを立ち上げる
ゼロから組織を設計して，初めてゼロからのイノベーションが生まれる。GEの「組織ソフトウェア」，すなわち採用，指示命令系統，職位，職務内容，職場内の人間関係のあり方，職能別のパワー・バランスなど，すべてがグローカリゼーションを支えるために発展してきた。LGTでは，このソフトウェアを全面的に書き換えなければならない。

④ 独自の目的，目標，評価基準を設定する
イノベーション活動は，そもそも先が読めない。したがって，あらかじめ設定された目標値を達成することより，仮説を効率的に検証して素早く学習することが重要である。LGTの評価基準や価値基準—成功を左右する未知数を判断する基準となる—は，既存事業のそれとはたいてい異なる。

⑤ 経営陣はLGTを直属に置く
LGTは，経営陣の強力な支援がなければ成功しない。また，LGTを監督するビジネス・リーダーには，大切な役割が3つある。LGTとグローバル事業の対立を仲裁する。LGTがグローバルR&Dセンターなどの資源を使えるようにする。LGTが開発したイノベーションを先進国に導入する際，その支援に回る。これらすべてをこなせるのは，グローバル事業ユニットのシニア・マネジャーもしくはその事業の統括責任者しかいない。

出所：Immelt, J. R., Govindarajan, V. and Trimble, C., (2009), "How GE is Disrupting Itself," *Harvard Business Review*, Vol. 87, No. 10, October, pp.63-65.（関美和訳「GE：リバース・イノベーション戦略—画期的な新製品は新興国から生まれる」『ハーバード・ビジネス・レビュー』第35巻第1号（通巻256号），2001年，132〜135頁）

マインド・セットを変えるのは一筋縄ではいかない。模範的な社員でさえ，先進国偏重の傾向が見られる[23]。」

しかし，GEは，その歩みを止めず，中国やインドでの成功という結果を出したわけである。そしてここから，「LGT」のメンバーはもとより，そうした「組織管理上の工夫」を意思決定した経営者たちにも，まさしく「企業家精神」と呼ぶに相応しい何かが「供給」された，と見做すことができるように思われる。

1-3 イノベーション課題としての「機敏性」：
「新しい機会への機敏さ」による「効用の創出」

(1)「X-非効率性」と「新しい機会への機敏さ」

Leibenstein (1978) には，次のような一文がある。

「あるインプットが企業に配分されたとしよう。それらのインプットは当該企業内の様々な範囲で有効に使用される。それらが有効に使用されればされるほど，そのアウトプットも大きくなる。あるインプットが有効に使用されないとき，実際のアウトプットとそのインプットによってもたらされる最大のアウトプットとの差は，X-非効率性の度合いを示す尺度となる[24]。」

Leibenstein (1978) の提示した「X-非効率性」は，「あるインプットが有効に使用されないとき」を前提とした「世界」であるが，それはそうした前提を「捨象」した「一般均衡」理論の「世界」とは異なり，むしろ，現実に近い「世界」であるといえる。なぜならば，Hébert and Link (1982) が指摘するように，「X-非効率性の世界」とは，「絶えずスラック (slack) が存在している世界」であり，これはローカル・グロース・チーム導入以前のGEのように，目の前にビジネスチャンスがあるにもかかわらず，手付かずの状態

---

23 *Ibid.*, p.65. (邦訳，135頁)

24 Leibenstein, H., (1978), *General X-Efficiency Theory and Economic Development*, Oxford University Press, p.17.

のまま放置している「世界」と同じだからである。[25]

　「完全競争的な一般均衡の世界では，すべての市場参加者は効用の最
大化に成功した者とみなされ，またすべての企業は効率的に生産を行っ
ているものとされている。ライベンシュタインはこのヴィジョンを否定
する。それに代わって，非効率性を規準としてもち出す…（中略）…X-
非効率性の存在する世界では，企業は必ずしも利潤を最大化しているわ
けではなく，また常に費用最小化を図っているわけでもない。企業者に
ついての考え方は，明らかに市場についてのヴィジョンに依存する。X-
非効率性の世界というのは，絶えずスラックが存在している世界であり，
それは企業者的機会の存在を含意している。[26]」

　こうした「世界」を前提にすれば，GEが行った「組織管理上の工夫」とは，
単に「最大化」されていない「利潤」を取り戻そうとしただけであり，決し
て特別なことではないともいえよう。なぜならば，海外市場に最適な製品を開
発・投入できない状況があるとすれば，それは，むしろ多国籍企業としての
自らに「非効率性（inefficiency）」が存在していることを意味するからである。
換言すれば，この場合の「非効率性」とは，当該企業にとって見過ごされて
きた，いわばルーティンワークの意にほかならない。つまり，「リバース・イ
ノベーション」を導入する以前のGEとは，「工夫」の余地のある「組織」を
目の前に，その「非効率性」を見過ごしていた状態にあり，「工夫」を行った
以後のGEは，そうした作業を経て，ようやく本来の「効率性」を取り戻せ
ただけ，であるともいえる。とすれば，この場合の「企業家精神」の解釈に，
Schumpeterの「創造的破壊」をあてはめることは，どこか不自然さが残る。

　では，どのような解釈が適切であろうか。Kirzner（1973）では，「企業家

---

25 「組織スラック（organizational slack）」の評価については，分析視角によって大きく異
なりを見せており，定義も一様ではない。この点に関しては，Mizutani, F. and Nakamura,
E., (2014), "Managerial Incentive, Organizational Slack, and Performance: Empirical
analysis of Japanese firms' behavior," *Journal of Management and Governance*, Vo.18,
pp.249-253, を参照のこと。

26 Hébert, R, F. and Link, N., (1982), *The Entrepreneur: Mainstream views and radical
critiques*, Praeger Publishers, p.100.（池本正純・宮本光晴訳『企業者論の系譜—18世紀
から現代まで』ホルト・サウンダース・ジャパン，1984年，170頁）

14

精神」とは「新しい機会への機敏さ（alertness to new opportunities)[27]」と解されているわけだが，そうした「機敏さ」の担い手である「企業家」についても，次のように言及している。

　「私にとって重要な企業家の資質は，日常性と訣別する能力ではなく，新しい機会を認知する能力である。企業家精神とは，新しい製品や新しい生産技術を導入することではなくて，新しい製品が消費者に価値あるものとなり，他人が知らない新しい生産技術が企業化できることを見通す能力なのである。[28]」

同じく，Kirznerが師事したMises（1966）も，「企業家の能力」について，次のような指摘を残している。

　「あらゆる行為者と同様に，企業家は常に投機家であって，未来の不確実な状態を扱う。成功するか失敗するかは，不確実な事象を正確に予想できるか否かにかかっている。来たるべきことを理解できなければ失敗する。企業家的利潤が生じる唯一の源泉は，消費者の未来の需要を他の人々よりも的確に予想できる企業家の能力である…（中略）…特殊な企業家的機能は生産要素の雇用決定にある。企業家は生産要素を特殊な目的にささげる人である。その場合には，利潤をあげ富を獲得しようとする利己的関心のみによって動かされている。しかし，市場の法則を回避することはできず，消費者に最もよく奉仕することによってのみ成功することができる。企業家が利潤を得られるか否かは，その行動が消費者の承認を得られるか否かにかかっている。[29]」

Kirzner（1973）の「企業家精神」及び「企業家」への定義から，先のGEの事例は，次のような再解釈が可能となる。すなわち，世界中を驚かせたポータブル型超音波診断装置の成功とは，これまで中国の現地消費者のニーズの吸い上げを妨げてきた組織内部の「非効率性」に対処すべく，「組織管理上の工

27　Kirzner, I. M., (1973), *Competition and Entrepreneurship*, The University of Chicago Press, p.78.（田島義博監訳『競争と企業家精神―ベンチャーの経済理論』千倉書房，1985年，81頁）

28　*Ibid.*, p.81.（邦訳，84頁）

29　Mises, L. von., (1966), *Human Action: A treatise on economics*, 3rd ed., Henry Regnery Company, pp.290-291.（村田稔雄訳『ヒューマン・アクション』春秋社，1991年，315頁）

図表1-3　ビジネスチャンスにつながる不均衡の状況のタイプ

価格面の不均衡

① 同一商品が地域や時間の違いから異なる価格で取引されている状況

② 消費者価格（需要価格）は高いが，生産価格（供給価格）が安い状況（安く入手できる商品をそれより高く所望する人がいる状況）

③ 原材料や生産資源の価格に比して製品価格の方が高いと思われる状況

商品の品質や種類に関する不均衡

④ 潜在的なニーズがあるはずの（高い評価を受ける可能性のある）商品やサービスがまだ市場を通じて提供されていない状況

資源の利用法に関する不均衡

⑤ 既存の利用可能な技術やノウハウによって十分に活用されつくしていない生産資源の用途や利用法の存在する可能性（生産効率の改善の余地，生産資源の配置転換の余地）

出所：池本正純（2004）『企業家とはなにか—市場経済と企業家機能』八千代出版，251〜252頁。

夫」を断行した結果に過ぎないと。そしてそれは，一見，既存の組織構造・文化に対する「挑戦」のようにも映る。しかし，このときGEが行ったこととは，「新しい形態の組織」を設置することであったとしても，また，困難を伴う作業であったとしても，それは多国籍企業としての「日常性（routine）」から逸脱したものなどでは決してなく，むしろ，眼前の「不均衡（disequilibrium）」や「不完全な知識（imperfect knowledge）」，「未調整（uncoordination）」を「機敏」に「認知」し，組織としてそうした「非効率性」の削減に努めた結果，ようやく，本来の「日常性」のレベルへと回復し得たことにほかならないと。[30]

（2）Marshallの「効用の創出」

ところが，「利潤を最大化」し「費用最小化」できる「好機」を，必ずしもすべての企業が，等しく「認知」できるわけではない。

たとえば，池本（2004）が指摘するように，図表1-3に挙げられた5つの「不均衡」に潜む「ビジネスチャンス」のいずれかを「発見」し，「その解決」

30　Kirzner, (1973), *op. cit.*, p.218.（邦訳，219頁）

により最終的に「ビジネスチャンス」を獲得し得る企業の数は，やはり，限られている。それは，「イノベーション」の本質を「創造的破壊」にのみ求め，そのほかを排除しただけでなく，「イノベーション」の最終的な到達点さえも見失う企業が，世の中には少なからず存在することを示唆している。

　「一般的には，①，②は商業のビジネスチャンスにつながり，③，④，⑤は製造業のビジネスチャンスにつながるとはいえるが，『問屋制』ビジネスは，明らかに③の不均衡を活用したものであり，商業による製造業分野への進出だといえよう。しかし近時は，もともと製造業分野で仕事をしてきた企業が，製造段階を他の専業企業（EMS）に委譲し，自らは直接工場を持たず顧客の特殊なニーズに適う製品の組合せや利用のしかたを提案したり，ソフトの開発に特化したりして，付加価値の主要部分を稼ぎ出す方向をサービス業にシフトするファブレス企業も現われている。これは製造業からむしろ商業へのシフトとも考えられるし，ソフトを販売するサービス業へ純化したとも解釈できるが，重要なのは，生産活動の本質は具体的なモノをつくることにあるのではなく『効用の創出』にあるという点である。企業家機能を不均衡の発見とその解決（仲介機能）にみるということの重要性はそこにある。[31]」

「仲介機能」によって「利潤機会をとらえる」ことを極度に軽視し，「創造的破壊」によって「利潤を発生させる」ことを極度に重視したがために，結果として削減すべき「非効率性」をむしろ増幅させてしまう企業は，たしかに存在している。そして，こうした悲劇は，「効用（utilities）の創出」という「イノベーション」の到達点を，そもそも正しく理解できていなかったことに端を発している。

　「人間は物質的な事物を創造できない。知的および道徳的な世界においてはかれは新しい観念をつくりだせるであろうが，物質的な事物を生産したといっても，実はただ効用を作り出しただけであり，別のことばでいえば，かれの努力と犠牲によって物質の形態としくみを変化させて欲

31　池本正純（2004）『企業家とはなにか―市場経済と企業家機能』八千代出版，252頁。同書は，池本正純（1984）『企業者とはなにか―経済学における企業者像』有斐閣，に一部加筆修正したものである。

求の充足によりよく適合するようにするだけなのである[32]。」

　Marshall（1961）のこの有名な一文は，次の池本（2004）の指摘ともあいまって，「イノベーション」を単純に「創造的破壊」と同一視することの愚かさを，我々に教えてくれる。

　　「イノベーションは技術開発の新たな種子（シーズ）を発見し，それを育むところから出発するのだが，事業そのものの成功はそのシーズをニーズにいかにうまく結びつけるかにかかっている。成功した事業者の誰一人として，指導者の高みから『消費者に新しい欲求を教え込ん』だような者はいない。彼らは寡黙な消費者の足元にひれふしながら，その意中のニーズを嗅ぎ当てたのだ。『新商品の開発』に意味があるのは，その新しさにおいてではなく，いまだ満たされていない潜在的な需要を正しく掘り当てたところにある。『新奇な創造性』を発揮した『偉大な』失敗作はごろごろある。また『生産方法の改善』に意味があるのは，最新の科学技術を取り入れるところにあるのではなく，既存の資源の未利用の力を引き出すところにある[33]。」

　かつて，盛田昭夫氏は，ソニーの研究所が掲げていた「Research Makes Difference」というスローガンについて，「社員は研究開発，各種リサーチに力を入れさえすれば会社は発展し続けると思い込む可能性がある」と指摘し，「研究開発だけで会社が繁栄すると思うのは，錯覚以外の何物でもない」，と断じたとされる[34]。

　　「私が言いたいのは，単にユニークな製品を作り出すだけでは，そしてとくにそれでよしとしてしまっては，本当のインダストリーとしての成功は達成できないということである。発明発見は大切なものである。しかし忘れてはならないことは，それをどうビジネスに結びつけていくかということだ。それには常に製品を鍛え，より完全なものにしていく努

32　Marshall, A., (1961), *Principles of Economics*, 9th ed., Macmillan, p.63.（馬場啓之助訳『マーシャル経済学原理Ⅰ』東洋経済新報社，1965年，81頁）

33　池本（2004）前掲書，八千代出版，218頁。

34　Morita, A., Reingold, E. M. and Shimomura, M., (1987), *Made in Japan: Akio Morita and Sony*, John Weatherhill, p.245.（下村満子訳『MADE IN JAPAN—わが体験的国際戦略』朝日新聞社，1990年，402～403頁）

図表1-4 主要電機メーカーの研究開発集約度と売上高営業率利益率の推移：2006～2015年

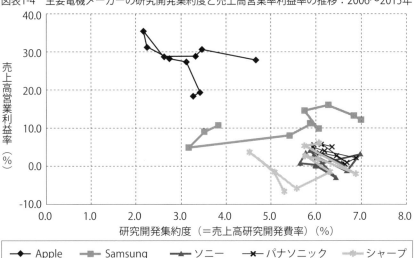

出所：SPEEDAより筆者作成。

　力，市場の動きを見きわめて，本当に適した製品企画を続けていなければならない。」[35]

　時は流れ，盛田氏の"懸念"は現実のものとなる。後述するように，ソニーをはじめとする昨今の日本電機メーカーの業績不振には，明らかにイノベーション活動の「非効率性」が確認できる。たとえば，図表1-4からは，日本メーカーが海外メーカーに比して，研究開発集約度（R&D intensity）では勝るものの，逆に売上高営業利益率では劣ること，すなわち，インプットからアウトプットへの転換効率という点で，日本メーカーの相対的な低調ぶりを確認できる。

　また，図表1-5では，過去4年間の累積営業利益を8年前から6年前までの累積研究開発費で除して求めた，いわゆる，研究開発効率（R&D efficiency）において，同じく，日本メーカーのイノベーション活動における「非効率性」を追認することができる。そして，その一因には，やはり「イノベーション」

35　*Ibid.*, p.215.（同上，404頁）

第1章 現代企業のイノベーション課題：企業家精神，機敏性，そして効率的な生産者　19

図表1-5　主要電機メーカーの研究開発効率の推移：2008～2015年

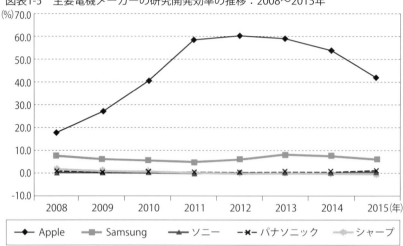

注：研究開発効率＝過去4年間の累積営業利益／8年前から6年前までの累積研究開発費。
出所：SPEEDAより筆者作成。

を「創造的破壊」と同一視すること，すなわち「効用の創出」という「イノベーション」の到達点への無理解が指摘できよう。なぜならば，昨今の日本電機メーカーに向けられた"技術偏重主義"の汚名は，まさしく「『新奇な創造性』を発揮した『偉大な』失敗作」を繰り返してきたがために冠せられたといっても，決して過言ではないからである[36]。

　「日本メーカーはどこで間違えたのか。ずっと売り場を見てきた松井（筆者注：ヨドバシカメラマルチメディアAkiba店長の松井昭二郎氏）と山田（筆者注：ヤマダ電機会長の山田昇氏）の分析は手厳しい。まずは松井。『きれいに映す競争に熱中して，消費者を楽しませることを忘れていた。だからエコポイントであれだけ売れて品不足の時期にも，テレビの価格は下がり続けた』『3万円のテレビが売れないのに，節電機能付きの4万円の扇風機や2万円のスマホ用ヘッドホンが売れる。価値がある

36　この点に関しては，關智一（2015）「現代企業のイノベーション課題とその対策」『経営学論集 第85集』（URL http://www.jaba.jp/resources/c_media/themes/theme_0/pdf/JBM_RP85-E88-2014_F_53.pdf），も参照のこと。

と思えばお客さんはお金を出す。日本メーカーは大きな工場を建てるだけで，売り場の声も客の声も聞かなかった』山田の分析はこうだ。『よく量販店が価格下落の犯人にされるが，それは違う。メーカーの本分である商品の企画設計がおろそかになり，売れない商品を作りすぎた。デジタル製品の特徴である水平分業の作り方ができなかったのも痛い』顧客や売り場の声に耳を傾けてこなかったつけは大きい。[37]」

　日本電機メーカーのイノベーション活動における迷走は，開発段階にとどまらず，生産段階においても顕著であった。いわゆる，「水平分業」への対応の遅れ，がそれである。

1-4 イノベーション課題としての「効率的な生産者」：「イノベーター」と「効率的な生産者」の不一致

　Baumol（2002）は，資本主義経済において，自由企業による「イノベーション」が常に最適なものとはならない理由の1つとして，次のような「非効率性の源泉（source of inefficiency）」の存在を指摘する。

　　「…通常あまり議論されない非効率性の源泉は，発明の所有者が，他者とくに競争相手に対して，秘密，特許，そしてその特許を守るための訴訟といった手段を用いてその使用を拒むインセンティブである。優れた特徴をもつ工程や生産物が一産業内の一企業だけに制限されるのは明らかに非効率である。なぜなら，もしイノベーションが他企業にも利用できるならば，彼らのほうがより効率的な生産者であることが明らかになるかもしれないからである…（中略）…故意につくられた普及への障害は，多数の企業の同時的な生き残りを必ずしも妨げないが，その結果はきわめて非効率的となる可能性がある。[38]」

37　「日本経済新聞」2012年6月12日付。

38　Baumol, W. J., (2002), *The Free-Market Innovation Machine: Analyzing the growth miracle of capitalism*, Princeton University Press, p.23.（足立英之監訳／中村保・山下賢二・大住康之・常廣泰貴・柳川隆・三宅敦史共訳『自由市場とイノベーション―資本主義の成長の軌跡』勁草書房，2010年，29～30頁）

第1章　現代企業のイノベーション課題：企業家精神，機敏性，そして効率的な生産者　21

換言すれば，これは「イノベーター（innovator）」と「効率的な生産者」の不一致の問題である。両者が一致しているならば，「非効率性」は，存在しないことになる。しかし，両者が一致していないからこそ，社会全体における「イノベーション」が最適なものとならず，消費者側が割高な生産物を購入しなければならない，という結果が導かれることになる。また，企業側にとっても，そうした生産物を供給していることが災いし，「イノベーション」の成果を十分専有できぬままに，競合品や代替品に需要を奪われてしまうリスクを高めてしまうかもしれない。いずれにせよ，こうして「非効率性」が生まれることになる。

　また，こうした不一致問題は，前出の図表1-3「ビジネスチャンスにつながる不均衡の状況のタイプ」の中にも見て取れる。たとえば，「資源の利用法に関する不均衡」の観点からは，「イノベーター」の囲い込みによって，「十分に活用されつくしていない生産資源」の存在するケースが想定されている。こうした「資源」を「効率的な生産者」に引き渡すことは，社会全体に対して「効率性」をもたらすことはもちろんのこと，実は「イノベーター」に対しても「利潤最大化（profit maximization）」という「効率性」をもたらし得る，とも考えられる。

　　　「発明を創出する企業は，イノベーション過程を実行するのに他企業よりも効率的であるかもしれないが，最終財を作り出す継続的なプロセスにおいて使用するためにイノベーションを投入している企業のなかでは最も効率的であるとはいえないかもしれない[39]。」

　では，そうした不一致とは，なにゆえに生じてしまうのであろうか。その要因として，「イノベーター」による専有可能性の確保への懸念とともに，技術流出の懸念から自前主義に固執した点を指摘する声は大きい。つまり，まさしく「効率的な生産者」である「EMS（Electronics Manufacturing Service）」企業への外部生産委託に大きく出遅れてしまったことが，結果として日本電機メーカーの「非効率性」を増幅させ，業績の悪化を招いた，とも考えられている（図表1-6参照）。

39　*Ibid.*, pp.81-82.（邦訳，100頁）

図表1-6　電機大手8社の連結業績：2013年3月期

	売上高	最終利益
日立※	90,410 （▲6）	1,753 （▲49）
	92,000 （2）	2,100 （20）
三菱電※	35,671 （▲2）	695 （▲38）
	38,100 （7）	1,100 （58）
東芝※	58,002 （▲5）	775 （11）
	61,000 （5）	1,000 （29）
ソニー※	68,008 （5）	430 （黒字転換）
	75,000 （10）	500 （16）
パナソニック※	73,030 （▲7）	▲7,542 （赤字縮小）
	72,000 （▲1）	500 （黒字転換）
富士通	43,817 （▲2）	▲729 （赤字転落）
	45,500 （4）	450 （黒字転換）
NEC	30,716 （1）	304 （黒字転換）
	30,000 （▲2）	200 （▲34）
シャープ	24,785 （1）	▲5,453 （赤字拡大）
	27,000 （9）	50 （黒字転換）

注：単位億円，上段は13年3月期実績，下段は14年3月期予想。カッコ内は前の期比増減率％。▲
　　は赤字，マイナス。※は米国会計基準。
出所：「日本経済新聞」2013年5月15日付。

　「日本においては，EMS は，アメリカのエレクトロニクス企業が製造
機能を EMS にアウトソーシングしながら復活を遂げていったのを背景
として，低迷を続ける日本の製造モデルに対する解決策として，とくに
2000 年前後以降，注目を集めていった[40]。」
　「市場が拡大すると，自社生産だけでは間に合わない。外部の生産受託
会社をうまく使って成長したのが，かつての米デルであり，今の米アッ
プルだ。日本企業は『自前の工場でつくる』というものづくり信仰が強

40　秋野晶二（2008）「EMS の現代的特徴と OEM」『立教ビジネスレビュー』第1号，82
　　頁。

すぎて，外部化の流れに乗り遅れた。[41]」

　ソニーにせよパナソニックにせよ，そしてシャープにせよ，戦後日本の経済成長（economic growth）を牽引した「イノベーター」としての貢献を疑う者など皆無であろう。しかし，こうした「イノベーター」としての過信が，結果的に技術偏重主義を生み出し，さらには技術流出のデメリットと外部委託のメリットを比較する際のバイアスとなり，最終的に日本電機メーカーは，自らが「効率的な生産者」であり続けることを許してしまったといえる。

　　「シャープと資本提携する世界最大EMS，台湾・鴻海（ホンハイ）精密工業の売上高は約10兆円。EMSの売上高は製品の販売でなく，加工費の積み上げである。同社が受託するスマホ，パソコン，液晶テレビなど，デジタル家電の加工費は1台10ドル（約800円）に満たないとされる。10兆円を稼ぐには年間に125億個の生産が必要だ。広達電脳，仁宝電脳工業，緯創資通。台湾EMSで鴻海につづく2番手グループも売上高は1兆円を超え，デジタル機器を数十億個組み立てる。単位はギガ＝10億。韓国サムスン電子の生産量も液晶テレビや携帯電話などを合わせると億単位になる。この規模は日本の電機産業にとって『未体験ゾーン』。日本メーカーの生産規模はメガ＝100万の単位にとどまるからだ。例えばシャープ堺工場の液晶パネル生産能力は，40型のテレビ換算で年1560万台分。日本の全携帯電話メーカーを合わせても国内生産は1700万台（2011年）。資材・部品の調達から加工，納入までをギガの単位でこなすノウハウはない。[42]」

　たとえ，ハイエンド製品での優位性を維持するために，国内自社工場での生産が不可欠であったとしても，日本電機メーカーが「効率的な生産者」として活躍できた期間は，早々に終わりを告げることになったであろう。なぜならば，消費者が，そうしたハイエンドの日本製品を「非効率性」の産物だとして判断するのには，さほど時間がかからなかったからである。その「効用」に対して，メーカー希望小売価格が割高であることに，日本電機メーカーが気付いた頃には，もはや，雌雄は決していたのである。

41　「日本経済新聞」2012年7月8日付。
42　「日本経済新聞」2012年6月14日付。

1-5 小括

　本章では，現代企業のイノベーション課題について，３つのキーワードを手掛かりに，その理論的解釈に向けた基本フレームワークの提示を試みた。

　まず，「企業家精神」についてみると，たしかに，理論的にはその重要性が指摘され続けてきたものの，その実体は概念的なものであることから，あくまで「企業家精神」を生み出す"装置"とセットで取り扱われなければならない点が明らかにされた。現代企業が「イノベーション」によって利潤獲得を目指すならば，とくに規模や市場シェアが大きい企業の場合，その組織構造上の問題から「企業家精神」を十全に「供給」し得るための「工夫」が必要とされる。そして，その意義を過小評価するならば，当該企業が失うことになるものとは，「機敏性」であるといえよう。

　つづいて，そうした「新しい機会への機敏さ」についてみると，現代企業が真っ先に取り組むべきイノベーション課題とは，実は自らに内在化された「非効率性」である，という点が明らかにされた。これは，「X-非効率性」の問題としても知られるが，まさしく，こうした「非効率性」の改善こそが，実は「イノベーション」の一面であり，それは，企業が「日常性」に潜む「不均衡」を「機敏」に「認知」し，「均衡」へと「機敏」に「反応」するプロセスとして理解することを可能とする。つまり，現代企業にとってイノベーションの目的とは，一般的な「創造的破壊」ではなく，新たに「効用の創出」として位置づけ直されなければならない，ということである。

　最後に，「効率的な生産者」についてみると，「イノベーター」自らが「最終財を作り出す」ことに相応しくない場合でも，その「イノベーション」を社会全体にとって最適なものとすること，すなわち，「十分に活用されつくしていない生産資源」を「効率的な生産者」へ引き渡すことは，「イノベーター」自身にとっても「効率的」な意思決定であること，が再認識された。「イノベーション」を重視する現代企業にとって，日々自問自答すべき点とは，自らが「イノベーター」として「非効率的」ではないかとともに，自らが「生産者」として「非効率的」ではないか，の２つである。そして，いずれにせよ，その判断を誤るならば，市場は当該企業に退出（exit）を迫ることになる。

以上が本章の検討内容となるが，次章以降では，こうして明らかにされた現代企業のイノベーション課題について，さらに詳しくその内容を検討することを行う。しかし，そのためには，そもそも「イノベーション」や「企業家精神」，そして「非効率性」といった基本的概念について，その定義や背景にある理論体系について，今一度確認しておく必要があろう。まずは，「イノベーション」とは何か，という問題について，次章では詳しく掘り下げていくこととしたい。

第2章

現代企業のイノベーションと新たな理論展開：

Schumpeter体系からの解放

2-1 問題の所在

　前章では，現代企業のイノベーション課題について検討を行ったわけであるが，その過程において，そもそもの議論の前提となる主要概念，たとえば，イノベーションや企業家精神の定義の曖昧さが，皮肉にもクローズアップされる結果となった。たしかに，イノベーションや企業家精神に関する研究には，いまだ不透明な部分が多く残されたままにある。これは，「一般に経済成長を供給面から規定する」際に，その「主要な要因」として「労働」や「資本」とともに，「全要素生産性（total factor productivity：TFP）」，または「多要素生産性（multi-factor productivity：MFP）」の重要性が指摘されているにもかかわらず，経済学の標準テキストにイノベーションや企業家精神に関する記述を容易に見つけることができないことと，決して無関係ではない。[1] なかでも，イノベーションの原動力と目される企業家精神にいたっては，そもそも「正確に描写することができない」[2] として，その理論的な解釈が半ば放置されてきたといえる。

　本章では，こうした現状を踏まえ，まずはイノベーションの"現代的理解"を再確認するとともに，つづいて青木・伊丹（1985）などの所説を手掛かりに，現代企業のイノベーションに対する"現代的理論"としての解釈を試みる。すなわち，本章の狙いとは，一方では，まさしくイノベーションとは何か，という問いへの答え探しと同時に，他方では，伝統的かつ支配的な

1　内閣府（2003）『平成15年度　年次経済財政報告』188頁。

2　Baumol, (2002), *op.cit.*, p.58.（邦訳，71頁）

27

Schumpeterのノベーション観からの"解放"，の作業にほかならない。

2-2「イノベーション」の現代的理解：
「生産関数のシフト」と2つの成長理論

（1）「生産関数」，「TFP（＝MFP）」，そして「新古典派成長理論」

　（a）　「技術進歩」，「ソロー残差」，そしてイノベーションの「計測」

イノベーションとは何か。

　　「イノベーションとは，まずもって『革新』でなくてはならない。何か
　新しいもの，今までになかったもの，従来とは異なる変化でなくてはな
　らない。しかし，単なる革新だけではイノベーションたりえない。『経
　済成果』をもたらさなくてはならない。市場取引を通じて社会に経済的
　価値を提供するものでなくてはならない。なんらかの革新を含むものが，
　商品として社会に提供され，それが購入され，使用され，普及して，は
　じめて『経済成果をもたらす革新』となる。つまり，イノベーションと
　は，研究開発活動等を通じた発明や発見，技術開発活動等を通じた実用
　化，生産体制や販売サービス体制の構築等を通じた事業化，そして市場
　取引を通じた社会への普及，という一連のプロセスを経て，経済成果が
　もたらされる革新のことをいう。[3]」

　こうした解説は，多少のニュアンスの違いはあるにせよ，イノベーション
の"一般的理解"を代表する内容といってよい。そして，なにゆえに上記の
理解が一般的なものと考えられるのかといえば，それは，いずれの理解の内
容も，結局のところ，「イノベーション研究の泰斗であるシュンペーター（J.
A. Schumpeter）がかつて示したイノベーションのとらえ方を踏襲したもの[4]」，
だからである。

　　「経済社会にとってのイノベーションの重要性と特質をはじめて本格
　的に指摘したシュンペーターは，その著書の中で，イノベーションとは

3　武石彰・青島矢一・軽部大（2012）『イノベーションの理由―資源動員の創造的正当化』
　有斐閣，4～5頁。
4　同上，5頁。

新しいものを生産する、もしくは既存のものを新しい方法で生産することである、と述べている…（中略）…ここでのキーワードは、『新しい』と『生産』である。『新しい』もの、方法でなければならないが、それが『生産』に結びつかなくてはイノベーションではない。『新しい』とは革新のことであり、『生産』とは経済成果を生み出す活動のことであり、つまり、イノベーションとは経済的成果をもたらす革新を意味することになる。[5]」

しかしながら、こうしたイノベーションの一般的理解とは、必ずしも十分な理論的基盤を有したものではない。なぜならば、その理解の拠り所とは、まさしく、「シュンペーターがかつて示した」、という一点のみにあるからである。つまり、「シュンペーター」が「その著書の中」において「述べている」ことこそ、一般的理解にとってのイノベーションのすべてであり、かつ真実そのものなのである。これに対し、後述するイノベーションの現代的理解においては、その理論的基盤の内容が明らかにされているだけでなく、一般的理解においては、曖昧に表現されるだけの「経済的成果」について、具体的な数値としての把握も可能とされている。つまり、現代的理解にとってのイノベーションとは、むしろ、その「経済的成果」の把握こそがすべてであり、かつ真実そのものである、ともいえる。

では、イノベーションの現代的理解とは何か。

イノベーションの現代的理解において、まず用意されている理論は、イノベーションの主体と目される、「企業（firm）」についてである。「企業」を理論的にどのようにとらえるべきか、そこから議論がスタートするわけである。たとえば、Hubbard and O'Brien（2012）では、「企業」の「基本的活動」について、次のように記されている。

　　「企業の基本的活動は、労働者や機械、天然資源のような投入物（Input）を利用して、財・サービスの産出物（Output）を生産することである。[6]」

5　同上、5頁。
6　Hubbard, R. G. and O'Brien, O. P., (2012), *Economics*, 4th ed., Prentice Hall, p.354.（竹中平蔵・真鍋雅史訳『ハバード経済学Ⅱ—基礎ミクロ編』日本経済新聞社、2014年、153頁）

このように，「企業」を「生産要素を取り入れ，それを生産物に変換して製品市場に提供し，売り上げを得る，という存在」とした場合，「生産要素をどのくらい投入すれば，どのくらいの生産物が生み出されるか」，という関係式を示したものが，まさしく「生産関数」であるとされる。[7]

　　　「企業の使用する投入物と，その投入物で生産可能な最大産出量の関係を，その企業の生産関数（Production function）という。企業の技術とは，投入物を産出物に変換するために企業が使用するプロセスであるので，生産関数は，企業の技術を意味する。[8]」

　つまり，「生産関数」とは「企業の技術」の意であり，これが「変化」すること，すなわち「ある与えられた量の投入物を使ってある与えられた量の生産物を生産する企業の能力の変化」こそ，まさしく現代的理解におけるイノベーションの意にほかならない。[9]ただし，Hubbard and O'Brien（2012）によると，こうした「変化」の影響には，「プラス」と「マイナス」の2種類があるとされ，一般にイノベーションとは前者の「プラス」の「変化」のケースを指す，としている。

　　　「企業が技術の変化（Technological change）からプラスの影響を受けるときは必ず，同じ投入物から生産できる産出量が増えるか，より少ない投入物から同じ産出量を生産できる。プラスの技術の変化をもたらす源泉は，いろいろ考えられる。生産と売り上げを増やすために，企業のマネジャーが工場の作業現場や小売店の配置を見直すこともあれば，企業の労働者が研修プログラムを受けることもある。企業がより高速な，またはより信頼性の高い機械装置を導入する場合もある。技術の変化から企業がマイナスの影響を被る可能性もある。企業の雇った労働者の技能が未熟だった場合や，ハリケーンで工場が被害を被った場合には，一定量の投入物から生産可能な産出量は減少するだろう。[10]」

　こうしたイノベーションを図示するならば，それは図表2-1のようになる。

7　青木・伊丹（1985），前掲書，岩波書店，19頁。

8　Hubbard and O'Brien,（2012），*op. cit.*, pp.357-358.（邦訳，157頁）

9　*Ibid.*, p.354.（邦訳，153頁）

10　*Ibid.*, p.354.（邦訳，153～154頁）

図表2-1 イノベーションによる生産関数のシフト

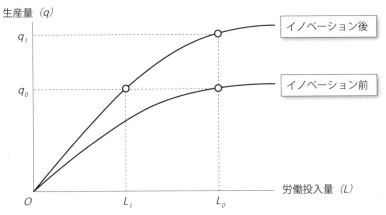

出所：小田切宏之（2010）『企業経済学【第2版】』東洋経済新報社，191頁。

「イノベーション前」と「イノベーション後」とでは，「同じ投入物から生産できる産出量が増えるか，より少ない投入物から同じ産出量を生産できる」とした「変化」が，たしかに確認できる。ここから，イノベーションによって，「プラスの技術の変化」がもたらされ，結果として「生産性の向上[11]」が達成された，とする理解が成り立つことになるのだが，こうした一連の議論は，「経済学においてはもっぱら[12]」，Solow以来の「新古典派成長理論（neo-classical growth theory）」の議論と密接な関連性を有しながら，今日に至っている。

「Solow［1957］は直接には観察することのできない『技術進歩』すなわちTFPを，アウトプットの増加から資本と労働の貢献分を除いた『残差』として計測した。こうして計測されるTFPは，資本と労働が変わらないのに生じたアウトプットの増加，言い換えれば生産関数の『シフト・アップ』にほかならない。Solow以来，今日まで『成長会計（growth accounting）』とも呼ばれるTFPの計測が，『技術進歩』を定量的にとらえるスタンダードな方法として受け入れられてきた。[13]」

---

11 大橋弘（2014）『プロダクト・イノベーションの経済分析』東京大学出版会，10頁。
12 渡辺千仭・宮崎久美子・勝本雅和（1998）『技術経済論』日科技連出版社，52頁。
13 安藤浩一・宇南山卓・慶田昌之・宮川修子・吉川洋（2010）「プロダクト・イノベーシ

つまり，Solow（1957）は，こうした「技術変化（technical change）」による「生産関数の上方シフト（the upward shift in the production function）[14]」を，「技術進歩（technical progress）」としてとらえたわけであるが，この「技術進歩」という用語の意味するところについては，若干の議論を要する。というのも，Solow（1957）の議論の本質とは，あくまで「資本と労働が変わらないのに生じたアウトプットの増加」として「計測」される「残差」＝「TFP」についてであり，「技術進歩」の「計測」についてではないからである。

　　「今や古典となったSolow（1957）では，米国の経済成長の過半をTFP上昇率が占めるという結果が注目された。現在でも多くの人がTFP上昇率を技術進歩率と解釈しているが，必ずしも技術進歩率だけではない。TFP上昇率の推計過程を理解すれば明らかなように，それは，生産の上昇率から資本や労働力などの生産要素の変化率を控除した『残差』に過ぎないのである。したがって，TFP上昇率は生産要素の投入だけで測れず，かつ生産の上昇に寄与する『何か』でしかない[15]。」

では，「TFP」とは何か。

　　「…TFPは，技術進歩だけでなく，経営効率や組織効率の改善，分業の進展，規模の経済の実現，不況による過剰な労働や資本の保蔵などの効果が混入している可能性があり，技術進歩そのものを直接的に計測した指標ではないが，長期的に見た場合，技術進歩の影響が比較的強く表れると考えられている[16]。」

このように，今日，「TFP」の具体的な中身は，純粋な意味での「技術進歩」だけにとどまらない，と考えられており，厳密には，「TFP」＝「技術進歩」という理解は，やはり“誤り”ということになる。たとえば，Hall and Rosenberg（2010）は，「『イノベーション』とは，技術変化とともに，技術変

ョンと経済成長：日本の経験」（RIETI Policy Discussion Paper Series 10-P-018），4頁。

14　Solow, R. M., (1957), "Technical Change and the Aggregate Production Function," *Review of Economics and Statistics*, Vol. 39, p.320.

15　宮川努（2006）「生産性の経済学—我々の理解はどこまで進んだか」（日本銀行ワーキングペーパーシリーズ No.06-J-06），3頁。

16　文部科学省（2013）『科学技術白書 平成25年版』42頁。

図表2-2　成長会計

経済成長率	インプット成長率
	TFP成長率

出所：中島隆信（2001）『日本経済の生産性分析―データによる実証的接近』日本経済新聞社，81頁。

化のカテゴリーには容易に入り込まないような経済変化の多くの側面をも含む用語である[17]，と指摘している。ただし，「残差」に過ぎないものの，「TFP」が「生産の上昇に寄与」していること自体は，紛れもない事実である。たとえば，長岡（2011）は，「技術機会，市場動向，生産要素の価格変動に効果的に対応するように企業経営を最適化すること」や「経済合理性に即した『リストラ』」など，文字通り，「技術変化」とは異なる要因であっても，「全要素生産性の伸び」に寄与する，と指摘している[18]。

　いずれにせよ，「ソロー残差（Solow residual）」として，初めてその存在が明らかにされた「TFP」こそ，現代におけるイノベーションの「計測」を可能とする概念として，現在に至っている（図表2-2参照）。たとえば，OECDのウェブサイトには，残された課題はあるものの，現在では「MFP」と変称した「残差」について，次のような「定義（definition）」が明記され，またその具体的な「数値」が公表されている（図表2-3～図表2-8参照）。

　「多要素生産性（MFP）とは，生産プロセスにおいて，労働および資本の投入とともに使用される，全体的な効率性を反映したものである。MFPの変化は，管理手法，ブランドネーム，組織変革，一般的な知識，ネットワーク効果，生産要素からのスピルオーバー，調整コスト，規模の経済，不完全競争および測定エラー結果による影響を反映している。MFPの成長は，残差として，すなわち，労働および資本の投入による変化によっては説明できないGDPの成長の一部として測定される。したがって，単純にいうと，労働と資本の投入が二期間で変化しない場合，産出の変

17　Hall, B. H. and Rosenberg, N., (2010), "Introduction to the Handbook," in Hall, B. H. and Rosenberg, N., (eds.), *Handbook of The Economics Innovation*, Vol.1, Elsevier, p.3.

18　長岡貞夫（2011）「日本企業の生産性とイノベーション・システム―成長力強化に向けて」藤田昌久・長岡貞夫編著『生産性とイノベーションシステム』日本評論社，5頁。

図表2-3 主要国のMFP上昇率の推移

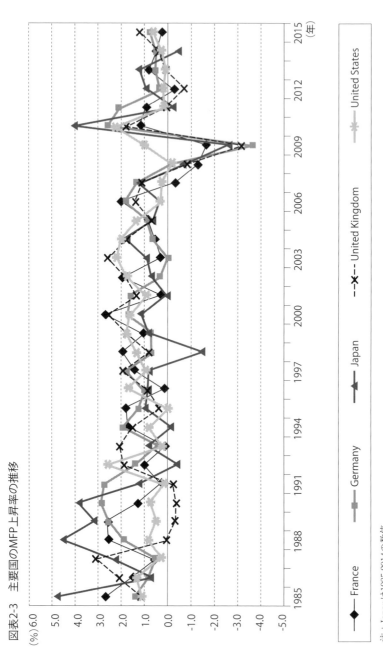

注：Japanは1985-2014の数値。
出所：OECD Data. より筆者作成。

図表2-4 FranceのGDP成長率と構成要素：1985〜2015年

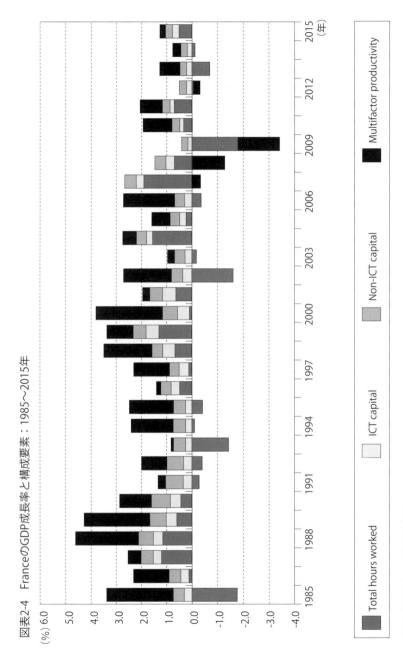

出所：OECD.Stat. より筆者作成。

第2章 現代企業のイノベーションと新たな理論展開：Schumpeter体系からの解放 35

図表2-5 GermanyのGDP成長率と構成要素：1985〜2015年

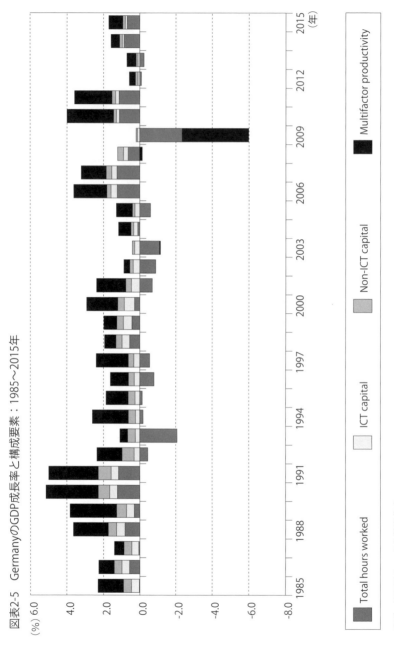

出所：OECD.Stat.より筆者作成。

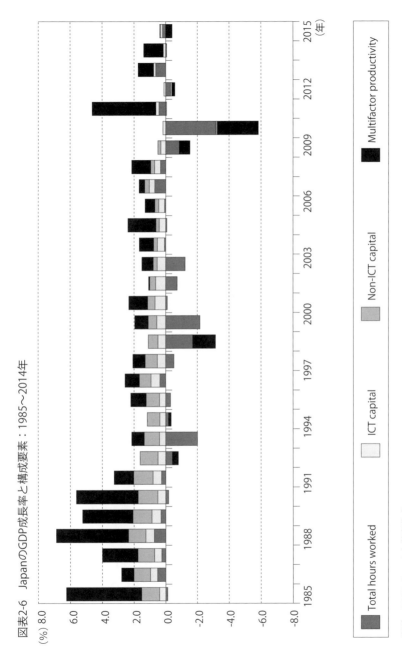

図表2-6 JapanのGDP成長率と構成要素：1985〜2014年

出所：OECD.Stat, より筆者作成。

第2章 現代企業のイノベーションと新たな理論展開：Schumpeter体系からの解放 37

図表2-7 United KingdomのGDP成長率と構成要素：1985〜2015年

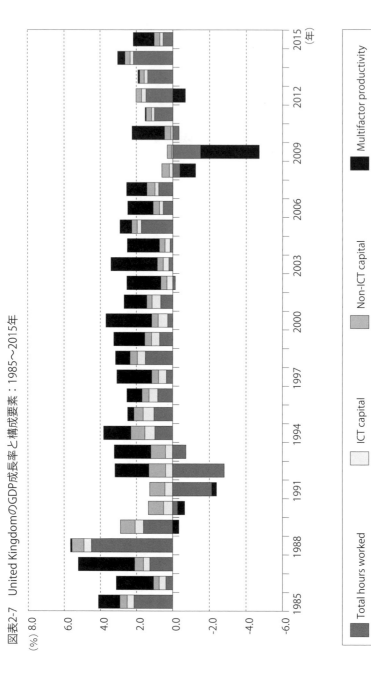

出所：OECD.Statより筆者作成。

図表2-8 United StatesのGDP成長率と構成要素：1985〜2015年

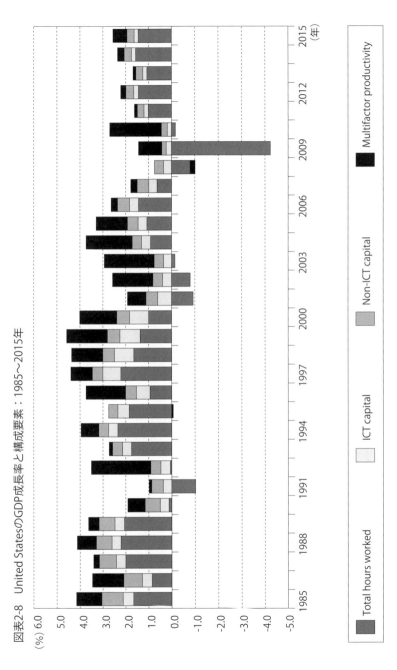

出所：OECD.Stat，より筆者作成。

第2章 現代企業のイノベーションと新たな理論展開：Schumpeter体系からの解放 39

化は，MFPの変化を反映しているとされる。この数値は，指標として，また年間成長率として測定される[19]。」

内閣府（2014）では，「TFPを向上させる要素」として，「知識資本投資の拡大（知識資本投資全体が増加するケース）」，「情報化投資（IT投資等）の拡大」，「革新的投資（R&D投資等）の拡大」，「経済的競争能力投資（ブランディング，マーケティング，人的資本の蓄積等）の拡大」，「経済の新陳代謝，グローバル化・経済の融合による効果（資源再配分効果）」，「人口と技術進歩」，を挙げるなど，日本経済の「失われた20年」の回復にとって，「TFP（＝MFP）」が果たす役割の大きさを強調している[20]。そこには，「短期的な成長は資本蓄積によっても起きるが，長期的には技術進歩こそが一人当たり所得成長の源泉である」とする，確固たる「経済成長」への理論的視座が存在している[21]。イノベーションの現代的理解とは，こうした客観的な議論と精緻なデータを基に成り立っているわけである。

(b) 「プロセスイノベーション」，「プロダクトイノベーション」，そして「生産性の向上」

しかし，こうしたイノベーションの現代的理解に対しては，あくまで，「既存商品を生み出す生産関数の上方シフト[22]」を表現しているに過ぎず，イノベーションの理解としては不十分である，との批判も存在する。すなわち，図表2-1のような図示の仕方では，いわゆる「プロセスイノベーション（process innovation）」が対象とされているだけで，もう一つの「プロダクトイノベーション（product innovation）」が考慮されていない，というわけである。

19　OECD Data（URL https://data.oecd.org/lprdty/multifactor-productivity.htm）
20　内閣府（2014）第10回「選択する未来」委員会・配布資料3（URL http://www5.cao.go.jp/keizai-shimon/kaigi/special/future/1001/shiryou_03_3.pdf）。また，近年の日本経済における「生産性停滞」に関する研究としては，深尾京司（2012）『失われた20年』と日本経済―構造的原因と再生への原動力の解明』日本経済新聞出版社，を参照のこと。
21　戸堂康之（2008）『技術伝播と経済成長―グローバル化時代の途上国経済分析』勁草書房，12頁。
22　大橋（2014），前掲書，東京大学出版会，10頁。この点に関しては，清水龍瑩（1973）「イノヴェーションと最高経営者の意思決定」土方丈一郎・宮川公男編『企業行動とイノヴェーション』日本経済新聞社，153頁，も参照のこと。

「イノベーションはしばしばプロダクトイノベーション（製品革新）と
プロセスイノベーション（工程革新あるいは製法革新）に分けられる…
（中略）…プロダクトイノベーションとは，新製品の開発により差別化を
実現し競争優位を達成するためのイノベーションをいう。プロセスイノ
ベーションとは，製造方法・工程の改良により費用を削減しコスト・リ
ーダーシップを得て競争優位を達成するためのイノベーションをいう。[23]」
Abernathy and Utterback（1978）以来，イノベーションを「プロダクトイ
ノベーション」と「プロセスイノベーション」に"分類"する考え方は，と
くに経営学においては，よく知られている。[24]しかし，いずれのイノベーシ
ョンにおいても，その目的が「最終財の産出を増加」させること，すなわち
「生産性の向上」である点に，なんら変わりはない。

　「…生産関数は産出量を生産要素の投入量に対応して表す関数である。
すると，プロセスイノベーションは同一量の生産をより少ない生産要素の
投入でおこなうことを可能にするものと解釈される…（中略）…図（筆
者注：図表2-1）は，プロセスイノベーションにより同一の生産量q_0を生
産するのに必要な労働投入量がL_0からL_1へ減少したことを示している。
この図をまた，同一の労働投入量L_0に対して生産量がq_0からq_1へと増加
したと見ることもできる。これをプロダクトイノベーションの結果とし
て解釈することが可能である。新製品のほうが高い付加価値を付けて販
売できるから，生産量増による付加価値増と同効果とみなすことができ
るからである。ただし，これはあくまでも近似である。プロダクトイノ
ベーションは製品が変わることであり，よってその数量を同じqで表す
ことは厳密には正しくなく，生産関数も別のものになると考えなければ
ならないからである。とはいえ，多くの場合に図…（中略）…に示され
るような生産関数のシフトとして近似することが分析上便利である。こ
れによってプロダクトイノベーションもプロセスイノベーションも同様

23　小田切宏之（2010）『企業経済学【第2版】』東洋経済新報社，190頁。
24　Abernathy, W. J. and Utterback, J. M.,（1978）, "Patterns of Industrial Innova-
　　tion," *Technology Review*, Vol 80, No.7, pp.40-47.

第2章　現代企業のイノベーションと新たな理論展開：Schumpeter体系からの解放　41

に分析できる。[25]」

　つまり，イノベーションの現代的理解においては，とくに先のような"分類"を行うことの積極的な理由が見当たらない，というのが本音である。また，対象となる財のとらえ方によって，いかようにも分類に関する解釈が可能となってしまう点など，そもそもイノベーション分類に関する議論には，クリアすべき課題が多く残されたままである。

　　「プロダクトイノベーションとプロセスイノベーションの区別を強調することが難しいもう1つの理由は，機械のような資本財の改良はプロダクトイノベーションでもプロセスイノベーションでもあるということにある。例えば半導体製造装置の改良は装置メーカーにとってはプロダクトイノベーションであるが，この装置を開発・生産し，社内で使用して外部に販売していない半導体メーカーにとっては，半導体製造コストの低減に役立つプロセスイノベーションとみなされる…（中略）…また企業レベルではプロダクトイノベーションであっても，それが資本財や中間財であれば，経済全体としてはプロセスイノベーションである。よって，企業レベルでは新製品開発を目指す研究開発活動が中心であっても，経済全体としてはむしろプロセスイノベーションが多数を占めることになる。実際，消費者の消費活動も，資本財と中間財（例えば洗濯機と洗剤）を用いて最終的なサービス（例えば洗濯）を生産し消費する活動と考えれば，すべてのイノベーションをプロセスイノベーションとみなすことも可能である。[26]」

　小田切（2010）につづいて，大橋（2014）もまた，次のように指摘する。

　　「まず留意すべき点は，イノベーションがプロセスとプロダクトとのいずれに属するかはそれほど明確に判断ができないという点である…（中略）…もしコンピュータを過去に類を見ない新商品と考えればプロダクト・イノベーションと捉えることが自然だ。他方でコンピュータを計算機機能とタイプライター機能，それにスケジュール管理機能とを1つに束ねた機器であり，コンピュータがこれらの機能を相互に融通して用い

25　小田切（2010），前掲書，東洋経済新報社，190〜191頁。
26　同上，190〜192頁。

42

る際のコストを低減させていると考えるならば，プロセス・イノベーションと捉える方が適切になる。同じ点は自動車についても当てはまる。もしA地点からB地点へ向かうための手段として自動車を捉えるならば，旧来の手段（たとえば馬車）と比較して地点間の移動距離を短縮している点で，プロセス・イノベーションとして捉えることができる。」[27]

やはり，「伝統的に〈プロダクト〉および〈プロセス〉のイノベーションと呼ばれている」ものとは，その「境界線は時にはいくらか曖昧」であるだけでなく，前述のように，そもそも「変化（change）」という意味において，「本質的」には同じものとして位置づけることができよう。[28]

以上，イノベーションを「技術の変化」＝「生産関数のシフト」であるとした場合，すべてのイノベーションとは「生産性の向上」の達成を目的としており，具体的には図表2-1のように把握することが可能となるのだが，そのことはまた，達成された「生産性の向上」に見合うだけの「需要」が，すでに「正しく掘り当て」られていることを前提としている。つまり，イノベーションによって拡大した生産量と同じだけの消費量の存在が，はじめから与件として扱われていることになるのだが，それは，まさしく「生産即販売」の世界観を体現している，というわけである。[29]

「企業にとっては，生産すべき製品の種類もあるいは需要の量も外生的に与えられたものではない。企業は需要を実験によって探り出し，その需要を満たすのに必要な投入と技術を自ら生み出す作業を行っている。そしてその投入物市場も技術も不確実性によって彩られたものである。安全な世界でたんに最適な経済計算だけをしていればいいのではないのである。そんな不確実性に満ちた経済社会で，企業は技術を生み出し，技術の応用の実験を行い，そしてその技術によって大量の財を社会に供給する。そこに企業の最大の社会的貢献がある。こういった活動が企業の

27　大橋（2014），前掲書，東京大学出版会，14頁。

28　Tidd, J., Bessant, J. and Pavitt, K., (2001), *Managing Innovation: Integrating techno-logical, market and organizational change*, 2nd ed., John Wiley & Sons, p.6.（後藤晃・鈴木潤監訳『イノベーションの経営学—技術・市場・組織の統合的マネジメント』NTT出版，2004年，6，8頁）

29　池本（2004），前掲書，八千代出版，40頁。

最も本質的な活動であるとすれば，その中核には常に技術があるのである[30]。」

　このように，イノベーションの現代的理解においては，イノベーションと「需要」の関係は不可分とされているわけであるが，この点については後述するイノベーションの，より詳細な定義をめぐる議論においても，やはり重要な意味をもつ。

(2)「アイデア」，「スピルオーバー」，そして「内生的成長理論」

　「全国イノベーション調査報告」には，イノベーションに関連した「用語の定義」に関する詳細な記述がある。「全国イノベーション調査」とは，日本における民間企業のイノベーション活動の実態や動向を把握することを目的に，常用雇用者数10人以上の企業を対象として実施される，政府統計調査（一般統計）である。科学技術・学術政策研究所による同調査は，これまで3回を数え，2014年3月には「第3回全国イノベーション調査報告」が発表されている。同調査報告において紹介されている，各種「イノベーション」の「定義」は，EU加盟国等で統一的に実施されているCIS（Community Innovation Survey）等に準拠している（図表2-9参照）[31]。

　では，そこでのイノベーションの「用語の定義」であるが，いずれにも「自社にとって新しいものを指し，自社の市場において新しいものである必要はない」，といった趣旨の記述を確認することができる。つまり，こうしたイノベーションの「用語の定義」によれば，たとえ「他社が既に導入している」としても，「それが自社にとって新しければ」，あるいは「自社がこれまでに利用してこなかった」ならば，それはイノベーションとして位置づけられる，ということになる[32]。このように，あくまで，イノベーションの目的を，当該

30　青木・伊丹（1985），前掲書，岩波書店，10頁。

31　この点に関しては，米谷悠（2015）「第1回～第3回全国イノベーション調査の経年比較の試み（調査設計及び調査事項の整理とそれに基づく産業別・企業規模別の比較考察）」文部科学省・科学技術政策研究所・第1研究グループ（Discussion Paper No.116），21～24頁，を参照のこと。

32　この点に関しては，米谷悠（2012）「『イノベーション』に対する認識の日米独比較」文部科学省・科学技術政策研究所・第1研究グループ（調査資料-208），1頁，も参照のこと。

図表2-9 「第3回全国イノベーション調査報告」における「用語の定義」

■ プロダクト・イノベーション

プロダクト・イノベーションとは，自社にとって新しい製品・サービス（プロダクト）を市場へ導入することを指す。ただし，ここでの新しい製品・サービスとは，機能・性能・技術仕様・使いやすさ・原材料・構成要素・中身のソフトウェア・サブシステム・提供方法（サービスの場合のみ）について新しくしたものだけでなく，これらについて既存の製品やサービスを大幅に改善したものも指す。また，既存の知識や技術を組み合わせたものや，新しい用途へ転用したものも含まれる。ただし，新しい製品の転売，単なる外見だけの変更，定期的もしくは季節ごとに行われる変更，ルーチン化されたアップデートは除く。また，プロダクト・イノベーションは，自社にとって新しいものを指し，自社の市場において新しいものである必要はない。つまり，他社が既に導入している製品・サービスを自社が改めて導入する場合も，それが自社にとって新しければ，プロダクト・イノベーションと呼ぶ。なお，製品とはスマートフォン，家具，パッケージソフト等といった有形物だけでなく，ダウンロードによって取得されるソフトウェア，音楽，映画等も指す。また，サービスとは，小売，保険，教育，旅客輸送，コンサルティング等の無形物を指す。

■ プロセス・イノベーション

プロセス・イノベーションとは，自社における生産工程・配送方法・それらを支援する活動（プロセス）について，新しいもの又は既存のものを大幅に改善したものを導入することを指す（技法，装置，ソフトウェア等の変更を含む）。また，プロセス・イノベーションは，自社にとって新しいものを指し，自社の市場において新しいものである必要はない。つまり，他社が既に導入している新しい生産工程・配送方法・それらを支援する活動を自社が導入する場合も，それが自社にとって新しければ，プロセス・イノベーションと呼ぶ。

■ プロダクト又はプロセス・イノベーションのための活動

プロダクト又はプロセス・イノベーションのための活動には，研究開発活動，及び，プロダクト又はプロセス・イノベーションの開発・実現を目的とした機械・装置・ソフトウェア・ライセンスの取得，エンジニアリング・開発活動，デザイン，教育訓練，マーケティング等を含む。

■ 組織イノベーション

組織イノベーションとは，業務慣行（ナレッジ・マネジメントを含む），職場組織の編成，他社や他の機関等社外との関係に関して，自社がこれまでに利用してこなかった新しい組織管理の方法の導入を指す。ただし，これらの方法の導入は，マネジメントによる戦略的な意思決定に基づくものとする。また，自社にとって初めてのことでもM&A（合併と買収）の実施そのものは除く。

> ■ マーケティング・イノベーション
>
> マーケティング・イノベーションとは，自社の既存のマーケティング手法とは大幅に異なり，なおかつこれまでに利用したことのなかった新しいマーケティング・コンセプトやマーケティング戦略の導入を指す。具体的には製品・サービスの外見上のデザイン，販売促進方法，販売経路，価格設定方法に関する大幅な変更を指す。ただし，自社の既存のマーケティング手法で季節的・定期的に，又はルーチン化されて行われている変更は除く。

出所：文部科学省 科学技術・学術政策研究所 第1研究グループ（2014）「第3回全国イノベーション調査報告」（NISTEP REPORT No.156），20～21頁。

企業にとっての「生産性の向上」の達成と位置づけるならば，イノベーションを可能とする技術に対して「新し」さは，その要件として，とくに求められてはいない，ということになる。

　　「イノベーションとは，製品や製法が市場で受け入れられてはじめて実現する。新しければイノベーション，変化すればイノベーションというわけではない。あくまでも経済的な成果を目指し，それが市場で実現されたものが，イノベーションである。単なる空想や思いつきはもちろん，発明，発見もイノベーションではない。イノベーション活動の重要な要素であるが，イノベーションの十分条件ではない。イノベーションとインベンション（発明）は同じものではない。[33]」

　逆に，イノベーションの現代的理解にとっての必要条件とは，イノベーションが「生産性の向上」の達成の意であり，それと表裏一体のものとして，増大した供給と同量の需要の存在，となる。通常，イノベーションとは，消費量と同一であるという前提の上に生産量によって計測されるが，それはイノベーションの価値の評価が生産者によってではなく，あくまで消費者によって行われることを意味している。換言すれば，技術的に「生産性の向上」が可能であったとしても，あるいは「技術」そのものが新規性に富んだものであったとしても，最終的に生み出されたアウトプットのほとんどが，そのまま在庫に向かう結果となったならば，それは決してイノベーションの達成と

---

[33]　一橋大学イノベーション研究センター編（2001）『イノベーション・マネジメント入門』日本経済新聞社，4頁。

は呼ばれず，むしろ単なる資源の浪費，ということでもある。

　「…単に技術的側面が向上するだけで，イノベーションが価値を生み出すと考えることはできない。仮に自動車を例に取り上げれば，あるイノベーションによって自動車の速度が飛躍的に向上したとしても，渋滞のひどい社会にあっては自動車の速度を上げるような技術の向上は需要家にとって余り意味のあるイノベーションとはいえないと思われる。つまり速度の向上という技術的な観点からのみでイノベーションの価値を評価することは正しいアプローチとはいえず，需要家のニーズからの視点がイノベーションを評価する観点として不可欠であると思われる。[34]」

　このように，イノベーションの達成とは，あくまで「産出を増加させ，生産物価格を減少させ，そして厚生を高める」ことであり，その結果として「生産者の利潤を増加させる」[35]ことを意味する。そして，こうしたイノベーションの現代的理解は，Romer（1990）に代表される「内生的成長理論（endogenous growth theory）」の登場によって，その内容をさらに精緻なものへと変貌させつつある。たとえば，Jones（1998）では，「非競合性」を有した「アイデア（idea）」として，長岡（2011）では，「スピルオーバー」を妨げない「知識」として，Romerモデルのエッセンスを，それぞれ次のように解説している。

　「ローマーによれば，アイデアに固有の特徴は非競合性にある。この非競合性は，規模に関して収益逓増があることを意味している。この収益逓増現象を，意図的な研究開発を伴う競争的環境の下でモデル化しようとすれば，不完全競争を仮定することが必要になる…（中略）…ローマー（1990）が強調する決定的に重要な意見は，アイデアが他の大抵の経済財とは非常に異なることである。CD（コンパクト・ディスク）プレーヤーや弁護士の相談などほとんどの財は，『競合的（rivalrous）』である。つまり，私がCDプレーヤーを使うと他の人は同じCDプレーヤーを使えなくなる。私が今日午後1時－2時にある弁護士と面接すると，他の人がその弁護士への相談を同時刻に行うことは不可能となる。ほとん

34　大橋（2014），前掲書，東京大学出版会，51頁。
35　Baumol,（2002），*op. cit.*, p.154.（邦訳，188頁）

どの経済財はこのような特質を有しており，ある人の使用は，他の人が同じものを使用することを不可能にする。もしも1千万人がCDプレーヤーを使いたいと思うならば，1千万台のCDプレーヤーが供給される必要がある。これとは対照的に，アイデアは『非競合的（nonrivalrous）』である。トヨタ自動車がジャスト・イン・タイム在庫管理方式を利用するからといって，GMが同じ技術を利用することができないわけではない。あるアイデアが産み出されると，そのアイデアについて知識を持つ者はだれでもそれを利用できる。新世代コンピューター集積回路の設計を考えてみよう。いったん設計が行われると，その設計を入手できさえすれば，国中あるいは世界中の工場が同時にその設計に基づいて集積回路の生産を行うことができる。その設計が書かれた用紙には競合性があり，設計を理解するために必要な技能にも競合性があるかも知れないが，その紙の上に書かれた指示——アイデアには競合性がない。[36]」

　「知識は土地，エネルギーなどの通常の財とは大きく異なった性格を持っている。知識は多数の企業と人がそれぞれの用途で，同時にかつ追加コストを発生させることなく利用することが出来るものである（利用における『非競合性』がある）。このように新しい知識の利用の拡大にはコストがかからないので，当初は知的財産権によって利用が制限されていたとしても，最終的にはその知識を活用できるあらゆる製品や生産プロセスに利用され，知識の便益は広く世界に及ぶことになる。この結果，新しい知識は広範な範囲で社会的な余剰の増加をもたらし，それを開発した者が利益として確保できるのはその小さな部分に限定されることになる。言い換えれば，通常の財の生産には存在しない，大きな正の外部効果，スピルオーバーが発生する。知識のもう一つの特徴は，機械などの物理的な財と異なり知識には物理的な減耗もなく，かつそれが新たな知識の生産の源泉としても使われることである。一度生産された知識は，

36　Jones, C. L., (1998), *Introduction to Economic Growth*, W. W. Norton & Company, p.73.（香西泰監訳『経済成長理論入門—新古典派から内生的成長理論へ』日本経済新聞出版社，1999年，79頁）また，文中に登場するRomer（1990）の原論文は，次のとおり。Romer, P. M., (1990), "Endogenous Technological Change," *Journal of Political Economy*, Vol. 98, No. 5, pp.71-102.

より優れた知識の登場などによって陳腐化しない限りは，永久に人類によって使われ続ける。その知識が新たな研究開発の源泉となる…（中略）…知識の生産過程では，このような知識のスピルオーバーも極めて重要である。内生的な成長理論（Romer（1990））として定式化されたように，研究開発の成果にはそれを直接商業化してイノベーションとして実現することに加えて，公共財としての知識を拡大する効果があり，その効果が強ければ，物理的な生産要素の供給の拡大が無くても経済成長は持続する。このようにして，知識の創造，活用そして知識ストックの拡大こそが持続的な成長の唯一の源泉であると言って良い[37]。」

このように，「技術進歩」の意を「非競合性」を有した「アイデア」，さらには「スピルオーバー」を妨げない「知識」に求めるならば，ここから「交換」された「知識」や「模倣」した「技術」もまた，実際の「生産性の向上」の達成に寄与する，というロジックが成立することになる[38]。また，「技術進歩」が，こうした「アイデア」や「知識」として読み替え可能となれば，前出の「経営効率や組織効率の改善，分業の進展，規模の経済の実現，不況による過剰な労働や資本の保蔵などの効果」といった概念を包摂することも，より自然となる。「内生的成長理論」の登場によって，「技術進歩」の解釈の幅は，格段に広がりを見せるわけである[39]。

こうして，現代的理解におけるイノベーションとは，①「プラスの技術の変化」を意味する「生産関数の上方シフト」として表されるが，②「生産性の向上」を目的とするため「技術」そのものの新規性については必ずしも問われず，③また，「技術」以外にも「生産性の向上」に貢献する多様な「要素」を含み，④それらは「非競合性」を有した「アイデア」あるいは「知識」として「交換」や「模倣」，「普及」の対象となり得るし，⑤正の「外部性（externalities）」として「拡散（spillovers）」もするため[40]，⑥結果的に「TFP

37　長岡（2011），前掲稿，藤田・長岡編著，前掲書，日本評論社，6頁。

38　川越敏司（2013）『現代経済学のエッセンス―初歩から最新理論まで』河出ブックス，208頁。

39　この点に関しては，戸堂（2008），前掲書，勁草書房，11～14頁，も参照のこと。

40　Jones, (1998), *op. cit.*, p.76.（邦訳，81頁）

図表2-10　TFP構成要素（Factors Composing TFP）

自律的要素	研究開発投資 技術ストック	技術改善	技術進歩
他律的要素	スピルオーバー効果 同化		
間接的要素	学習効果 規模の効果 労働の質の向上 資本の熟度 分業の進展，産業構造の変化 経営の改善 外部経済・制度改革・政策効果	生産効率の向上	

出所：渡辺千仭（2007）『技術経済システム』創成社，42頁。

（＝MFP）」として「計測」することが可能となる，というわけである（図表2-10参照）。

　しかし，こうしたイノベーションのとらえ方は，決して目新しいものではない。たとえば，Redlich（1951）は，「一定の経済領域において生じた革新の単なる模倣であり伝播」としての「模写（copying）」も，それを初めて導入する「企業の観点」からすれば，「それまで行わなかったところのものを新しく企てようとする」という点で変わりはない，との指摘を残している[41]。

　つまり，Tidd *et al.*（2001）においても言及されているように，イノベーションの「新規性（novelty）」の問題とは，「あくまでも認識された範囲内での新規性（the perceived degree of novelty）」に過ぎず，「その認識は観察者に依存している」，ということである[42]。また，軽部（2017）も，「新規性とい

---

[41]　井上忠勝（1980）「F. Redlichと経営史学」『経済経営研究年報』神戸大学経済経営研究所，第30号（Ⅱ），31頁。原論文は，次のとおり。Redlich, F., (1951), "Innovation in Business: A systematic presentation," *The American Journal of Economics and Sociology*, Vol. 10, Issue 3, pp.285-291. また，こうした考え方は，薬師寺（1989）の「模倣＋アルファ」の意としての「エミュレーション」の議論とも相通じるものがある。薬師寺泰蔵（1989）『テクノヘゲモニー』中央公論社，11頁。

[42]　Tidd, Bessant and Pavitt, (2001), *op. cit.*, p.8.（邦訳，9頁）

う尺度」について，「実は多くの場合事後的にしか現象を同定できない尺度」である，としている[43]。そして，こうした理解に拠って立つならば，イノベーションに対して，「以前には決して達成されていないか，あるいは少なくとも厳密に同じ方法では決して達成されていないもの」とした制約や，「2度目になされたものはもはやイノベーションではない」といった認識は，やはり，問題があるといえよう[44]。

　たしかに，イノベーションの指標として，最近では特許データが代用されるように，「画期的な技術」によるイノベーションの存在は，決して否定されるものではない。かつて，「極めて使いにくい形」であった「特許情報」は，今日では「イノベーションに関するデータベース」として，まさしく「新しい技術の動向についての巨大な情報源」としての機能を果たしつつある。

　　「特許制度の根幹は，独占排他権を一定期間付与する代わりに，その内
　　容を一般に公表させる制度である。結果的に，特許は新しい技術の動向に
　　ついての巨大な情報源となっている。しかし，これまでの特許情報は主と
　　して個々の技術内容についての調査のための整理が中心であり，イノベー
　　ションに関するデータベースとして利用する目的からは極めて使いに
　　くい形となっていた。また，その利用のためには特許制度の特徴やその
　　変化についての詳細な知識が必要であり，さらに量がぼう大であること
　　もあいまってイノベーション研究のために特許データを用いることは困
　　難な状況にあった。しかし，近年，とりわけ米国とヨーロッパで，特許
　　データベースの整備が進み，またその利用のための手法やソフトウェア
　　の開発が進展した結果，知識やイノベーションに関するエビデンス・ベ
　　ースの議論が急速に進展しつつある．わが国でも特許データベースの整
　　備が行われてきており，これを利用した研究も緒につきはじめている[45]」

43　軽部大（2017）「イノベーションを見る眼―周縁と変則」一橋大学イノベーション研究
　　センター編『一橋ビジネスレビュー』第64巻第4号，東洋経済新報社，50頁。

44　Baumol, (2002), *op. cit.*, p.58.（邦訳，71頁）

45　鈴木潤・後藤晃（2007）「日本の特許データを用いたイノベーション研究について」
　　『日本知財学会誌』Vol. 3，No. 3，17頁。また，この点に関しては，後藤晃・長岡貞男
　　（2003）『知的財産制度とイノベーション』東京大学出版会，後藤晃・元橋一之（2005）
　　「特許データベースの開発とイノベーション研究」『知財研フォーラム』Vol.63，も参照の

しかし，Baumol（2002）が指摘するように，そうした「画期的な技術」も，実はなんらかの先行技術の「蓄積」を前提としており，また，そうして「改善された技術」こそが「多くの企業が技術進歩を生み出す」基盤となっていることは，もはや自明の理でもある。

「多くのイノベーションは，単に古い技術に置き換わりその技術を陳腐化させるだけのものではなく，むしろ，前に利用可能であったものに付け加えられ，それゆえ経済全体の知識の蓄積を純増させる。そのような技術は，創造的破壊というよりもむしろ創造的知識の蓄積という性質をもつものといえよう…（中略）…改善された技術は，それが一旦生み出されると，その画期的な技術を生み出した企業の生産だけに貢献するわけではない。相対的にわずかな追加的費用で，その技術は他の企業の生産にも貢献する。それゆえ，この公共的性質は最適なイノベーションへの支出額の達成を妨害するが，それはまた，多くの企業が技術進歩を生み出すという点で範囲の経済性を生み出すという有益な側面ももつ…（中略）…ある一定のイノベーションというのは通常，産出が一定ではなくそれが成長していることを意味する。研究開発が毎月一定水準の一つのイノベーションを生み出す経済においては，生産性への貢献が一定であれば，毎月のGDPは前の月に比べて高くなる。たとえ産出の成長の燃料となるイノベーションが1月に1単位の技術進歩というレベルで一定であっても，経済の産出能力は着実に成長する。この加速させるという関係はイノベーションに一般的に当てはまる[46]。」

前出の「全国イノベーション調査報告」が主張する，イノベーションを「自社にとって新しいものを指し，自社の市場において新しいものである必要はない」とする指摘も，まさしく「創造的破壊というよりもむしろ創造的知識の蓄積」こそが，「産出の成長の燃料」としてのイノベーションの「性質」として相応しい，との認識を前提としたものと考えられる。イノベーションとは，たしかに，「創造的破壊」を一部含むかもしれないが，決して，「創造的破壊」そのものとイコールではない，ということである。

こと。

46　Baumol, (2002), *op. cit.*, pp.51-52.（邦訳，63〜64頁）

「…イノベーションは，シュムペーターが考えていたかもしれないような劇的な飛躍的進歩であることはめったになく，むしろ真の斬新さと差異を伴う模倣とが互いに識別できないように入り混じった形での新工程と新生産物における小さな改良である[47]。」

「革新者は大きな危険を冒して新しい生産要素の結合を実現する。しかしいったんかれが革新を遂行して利益をあげれば，その製品ないし生産方法を採用することの危険は大幅に減少し，他の企業家たちが模倣し始めるのは当然である[48]。」

しかし，こうしたイノベーションの現代的理解に対し，真っ向からその主張を否定する役割を担っているのが，イノベーションの実行役とされる「企業家」であり，その「企業家」が有しているとされる「企業家精神」，とされている。とくに，後者の「企業家精神」については，イノベーションの現代的理解も，前述のように「正確に描写することができない」として，具体的な言及を避けてきたためか，これまで目立った反論も展開されてこなかったといえる。そのこともまた，イノベーションの現代的理解の主張が，今日も一般的理解のそれに取って代わるまでには至っていない理由の1つ，と考えられよう。

「企業家は神秘的な存在となるほどまでに賛美されてきており，購買と販売，作業，設備の使用，そしてとりわけ他の者が利用している技術の模倣といったありふれた活動に対応する概念とは相いれないものである[49]。」

そして，こうした「企業家」及び「企業家精神」に対する，根強い一般的理解の背景理由と目されているのが，まさしくイノベーションを「創造的破壊」

47　Blaug, M., (1997), *Not Only an Economist: Recent essays by Mark Blaug*, Edward Elgar, p.110. また，この点に関しては，Baumol, (2002), *op. cit.*, p.19.（邦訳，25頁），を参考とした。

48　速水佑次郎（2009）『新版 開発経済学—諸国民の貧困と富』創文社，183頁。

49　Leibenstein, H., (1987), *Inside the Firm: The inefficiencies of hierarchy*, Harvard University Press, p.116.（鮎沢成男・村田稔監訳／芦澤成光・鮎沢成男・有賀祐二・高橋由明・袴田兆彦・日高克平・村田稔訳『企業の内側—階層性の経済学』中央大学出版部，1992年，149頁）

の産物と位置づける，伝統的かつ支配的なSchumpeterのイノベーション観の存在である。Schumpeterのイノベーション観は，「企業家」及び「企業家精神」の一般的理解にも大きな影響力を有しているため，必然的にSchumpeterの企業家観及び企業家精神観もまた，広く人々の脳裏に焼き付けられたままにある，と考えることができる。

2-3 Schumpeterのイノベーション観： 「創造的破壊」，「技術の革新」，そして「企業家精神」

(1)「技術の革新」と「創造的破壊」

青木・伊丹（1985）には，イノベーションに関する，次のような記述がある。

> 「…生産機能の背後には，企業のもつ技術がある。イノベーションとは，その技術の革新のことをいい，そしてその革新によって同じ製品を生産するのに必要な投入要素の組み合せが変わったり，製品そのものが変化したりすることをいう…（中略）…ひとことでいってしまえば，イノベーションによって企業のもっとも基本的な機能である技術的変換機能（よりせまくいえば生産機能）が変化し，その能力が向上するのである。」[50]

これまでの考察から，イノベーションの現代的理解においては，「生産機能」を「変化」させる「技術」が，必ずしも新規性を要件としていない点を確認している。しかし，上記につづく「イノベーションの本質」に関する記述からは，青木・伊丹（1985）の主張する「技術」が，あくまで新規性を意味する「革新」をその要件としている点を確認することができる。

> 「第1に，イノベーションが生み出すものの本質として，技術という情報の生産ということがあげられる。新しい製品を生み出すプロダクト・イノベーションにしろ，製品は変わらないままでその生産プロセスを新しくしていくプロセス・イノベーションにしろ，イノベーション活動の

---

50 青木・伊丹（1985），前掲書，岩波書店，221～222頁。

直接的なアウトプットは新しい技術である。そしてその技術とは情報なのである。第2に，イノベーションのプロセスの本質として，実験ということがある。なにか新しいことを試すのがイノベーションなのである。イノベーションの第3の本質は，イノベーションの結果なにが起こるかについての本質である。それは，現状の創造的破壊ということである。イノベーションの生み出す技術が事業化されて，旧来の状態は破壊され新しい世界の秩序が生まれる。新製品が旧来の製品を陳腐化させ，新しい生産プロセスが古いプロセスに取って替わっていく。いずれも現状の創造的破壊によって新秩序が生まれているのである。[51]」

　文中に登場する「創造的破壊」とは，Schumpeter（1950）によって提示された概念であり，その意は「不断に古きものを破壊し新しきものを創造して，たえず内部から経済構造を革命化する産業上の突然変異[52]」，とされる。これは，まさしく上記にある「現状の創造的破壊によって新秩序が生まれている」ことを指しているのだが，こうした点からも青木・伊丹（1985）にとって，イノベーションの達成が，あくまで「新しい製品を作り出して市場創造に成功すること[53]」であるとわかる。そして，こうしたSchumpeter（1950）に依拠した青木・伊丹（1985）の所説からは，イノベーションを「創造的破壊」と位置づけるがゆえに，そこでは「新しい技術」の存在が不可欠とされている，と考えることができる。

　では，Schumpeter（1950）のイノベーション解釈において，そもそも，こうした「技術の革新」とは，なにゆえに必要条件とされているのであろうか。そこには，Schumpeter（1926）の「経済発展（economic development）」に対する，独自の視点が強い影響を与えているといえよう。

　　　「生産をするということは，われわれの利用しうるいろいろな物や力を
　　　結合することである…（中略）…生産物および生産方法の変更とは，こ
　　　れらの物や力の結合を変更することである。旧結合から漸次に小さな歩
　　　みを通じて連続的な適応によって新結合に到達することができる限りに

51　同上，226頁。

52　Schumpeter, (1950), *op. cit.,* p.83.（邦訳，130頁）

53　青木・伊丹（1985），前掲書，岩波書店，221頁。

おいて，たしかに変化または場合によっては成長が存在するであろう。しかし，これは均衡的考察方法の力の及ばない新現象でもなければ，またわれわれの意味する発展でもない。以上の場合とは違って，新結合が非連続的にのみ現われることができ，また事実そのように現われる限り，発展に特有な現象が成立するのである。記述の便宜上の理由から，以下において生産手段の新結合について語るときには，もっぱらこのような場合のみを意味することにしよう。かくして，われわれの意味する発展の形態と内容は新結合の遂行（Durchsetzung neuer Kombinationen）という定義によって与えられる[54]。」

「すなわち，われわれが取り扱おうとしている変化は経済体系の内部から生ずるものであり，それはその体系の均衡点を動かすものであって，しかも新しい均衡点は古い均衡点からの微分的な歩みによっては到達しえないようなものである。郵便馬車をいくら連続的に加えても，それによってけっして鉄道をうることはできないであろう[55]。」

Schumpeter（1926）によれば，「成長」が「旧結合から漸次に小さな歩みを通じて連続的な適応によって新結合に到達すること」であるのに対し，あくまで「発展」とは「新結合が非連続的」に「現われる」ことによって「成立」する，という。つまり，Schumpeter（1926）にとっての「発展」とは，「古い均衡点からの微分的な歩みによっては到達しえない」とされる「新しい均衡点」への移動を意味するのだが，具体的には「消費者の間でまだ知られていない」，そうした「新しい財貨」などを通じて「経済体系」の「均衡点を動かす」ことを意味しているとされる（図表2-11参照）。ここに，「技術の革

---

54 Schumpeter, J. A., (1926), *Theorie der wirtschaftlichen Entwicklung: Eine Untersuchung über Unternehmergewinn, Kapital, Kredit, Zins und den Konjunkturzyklus*, 2. Aufl., Duncker und Humblot, S.100.（塩野谷祐一・中山伊知郎・東畑精一訳『経済発展の理論—企業者利潤・資本・信用・利子および景気の回転に関する一研究（上）』岩波書店，1977年，182頁）

55 Schumpeter, J. A., (1934), *The Theory of Economic Development: An inquiry into profits, capital, credit, interest, and the business cycle*, Harvard University Press, p.64.（塩野谷祐一・中山伊知郎・東畑精一訳『経済発展の理論—企業者利潤・資本・信用・利子および景気の回転に関する一研究（上）』岩波書店，1977年，180頁）なお，引用した箇所は「英訳註」であり，本来の原書および邦訳は注54のとおりである。

図表2-11　新結合の遂行：五つの場合

一	新しい財貨，すなわち消費者の間でまだ知られていない財貨，あるいは新しい品質の財貨の生産。
二	新しい生産方法，すなわち当該産業部門において実際上未知な生産方法の導入。これはけっして科学的に新しい発見に基づく必要はなく，商品の商業的取扱いに関する新しい方法をも含んでいる。
三	新しい販路の開拓，すなわち当該国の当該産業部門が従来参加していなかった市場の開拓。ただしこの市場が既存のものであるかどうかは問わない。
四	原料あるいは半製品の新しい供給源の獲得。この場合においても，この供給源が既存のものであるか——単に見逃されていたのか，その獲得が不可能と見なされていたのかを問わず——あるいは初めてつくり出されねばならないかは問わない。
五	新しい組織の実現，すなわち独占的地位（たとえばトラスト化による）の形成あるいは独占の打破。

出所：Schumpeter, J. A., (1926), *Theorie der wirtschaftlichen Entwicklung: Eine Untersuchung Über Unternehmergewinn, Kapital, Kredit, Zins und den Konjunkturzyklus*, 2. Aufl., Duncker und Humblot, S.100-101.（塩野谷祐一・中山伊知郎・東畑精一訳『経済発展の理論—企業者利潤・資本・信用・利子および景気の回転に関する一研究（上）』岩波書店，1977年，183頁）

新」と「創造的破壊」の接点が生まれるわけである。

　こうして，青木・伊丹（1985）のイノベーション観には，「技術の革新」を要件とし，「古い秩序が新しい秩序によって取って替わられること」だけでなく，そうした「創造的破壊」によって，さらに「古い秩序が揺らぐその不均衡ゆえに企業にとっての利潤機会が生まれてくる」，との視点が付け加えられていくことになる。[56] 企業側が「新しい技術」をもって，「利潤機会」を自ら生み出す行為としてのイノベーションは，「非連続的」で「特有な現象」とされる。よって，こうしたイノベーション観は，あくまで消費者ニーズの存在を大前提とし，「創造的知識の蓄積」による「一定のイノベーション」が「経済の産出能力」を「着実に成長」させる，とする現代的理解とは，完全にその内容を異にしている。

56　青木・伊丹（1985），前掲書，岩波書店，227〜228頁。

「消費者の嗜好方向に自発的および非連続的な——『気まぐれな』——変化が生ずるならば，そこに与件の急激な変化が起こることになり，事業家はこれを計算に入れなければならず，したがって場合によっては，自己の行動を単なる漸次的適応とは異なるように改める誘因や機会が生ずるわけであるが，だからといってただちにこのような異なった現象そのものが生ずるわけではない。したがって，嗜好方向の変化については，それ自身として特別な取扱いを要するような問題はまったく存在せず，それはたとえば自然的与件の変化の場合と同様である。それゆえわれわれは消費者欲望の任意の自発的変化を度外視し，その意味でこれを与えられたものと仮定する。この種の自発的変化が一般に稀であるという経験的事実もまたこのような取扱いを容易にするであろう。経済的観察は，欲求充足があらゆる生産活動の基準であり，そのときどきに与えられる経済状態はこの側面から理解されなければならないという根本的事実から出発するものであるとしても，経済における革新は，新しい欲望がまず消費者の間に自発的に現われ，その圧力によって生産機構の方向が変えられるというふうにおこなわれるのではなく——われわれはこのような因果関係の出現を否定するものではないが，ただそれはわれわれになんら問題を提起するものではない——むしろ新しい欲望が生産の側から消費者に教え込まれ，したがってイニシアティヴは生産の側にあるというふうにおこなわれるのがつねである。これが慣行の軌道における循環の完了と新しい事態の成立との間の多くの相違の一つである。[57]」

　こうして，Schumpeter（1926, 1950）の主張を色濃く反映した，青木・伊丹（1985）の所説は，結果的にイノベーションの要件として，新規性に基づく「技術の革新」だけでなく，生産者主導に基づく「創造的破壊」の概念をも兼ね備えていくこととなる。とくに，後者の「新しい欲望が生産の側から消費者に教え込まれ」るとする，すなわち「消費者欲望の任意の自発的変化を度外視」するという分析視角は，引き続き，青木・伊丹（1985）における「イノベーションに必要なインプット」の解釈にも組み込まれていくこと

57　Schumpeter,（1926），*a. a. O.*, S.99-100.（邦訳，181頁）

になる。そして，そうした「インプット」の1つこそが，まさしく "企業家精神" にほかならない。

(2) 希少性としての「企業家精神」

青木・伊丹（1985）には，「イノベーションに必要なインプット」に関する，次のような記述がある。

　　「イノベーションも企業活動である以上，企業の生産活動と同じようにさまざまな資源の投入が必要である。たとえば，イノベーションのための人材，研究開発のための資本設備，それらを購入しイノベーション活動を円滑に動かしていくための，いわば運転資金。いわゆるモノ，ヒト，カネのすべての資源が，生産活動の場合と変わりなくインプットとして必要であるという側面もある。しかし，イノベーションがそもそも試みられそして成功するには，イノベーション特有のインプットも必要である。通常の生産活動にはそれほどクリティカルに必要ではないが，イノベーションの発生と成功にはクリティカルであるようなインプットである。それは大別して，つぎの3つのインプットである：情報蓄積，危険資本，企業家精神。[58]」

それぞれの「インプット」の詳細は，次のとおりである。

　　「情報蓄積は，どんなイノベーションが可能性があるかというイノベーションの可能性の感知のためにも必要だし，またイノベーションのプロセスでさまざまに起こってくるであろう技術的な問題を解決するためにもなくてはならないものである。[59]」

　　「すべての企業活動には大なり小なり不確実性が存在し，その意味では危険を負担する資本は生産活動にも必要なのだが，イノベーションに必要な危険資本は，きわめて大きな危険を負担できる資本なのである。[60]」

58　青木・伊丹（1985），前掲書，岩波書店，237頁。

59　同上，237頁。

60　同上，238頁。この点に関連して，Baumol（1959）は，「典型的な寡占的企業」が「異質的な諸事業の集合体」であることから，「その諸事業の危険を相互に相殺させることができる」，とも指摘している。すなわち，「経営の多様性」による「保険原理」が，「大企業」に「経済成長を生み出す革新と投資に着手」させる，としている。Baumol, W. J.,

「イノベーションが生産活動ともっとも基本的に違うのは，イノベーションが実験であり，現状の創造的破壊であることである。その実験や創造的破壊を企業にさせる根源的な原動力は企業家精神である。[61]」

これら「3つのインプット」のうち，「最も重要なもの」と位置づけられているのが，「企業家精神」である。

「情報蓄積があっても，危険資本を提供する人がいても，企業に企業家精神がなければ，そもそもイノベーション活動が始動しない。企業家精神はイノベーション活動のエンジンである。だからこそ，3つのインプットの中で最も重要なものなのである。[62]」

では，なにゆえに「企業家精神」は，「イノベーション活動のエンジン」とまで称されるのであろうか。それは，「企業家精神」だけが，「世の中に等しく分布していないから」，だという。

「イノベーションに関する議論でかならず登場する企業家精神ということばは，現状の破壊を恐れない，新しいものに挑戦してみようという一種の衝動あるいはそういった精神的態度を可能にする能力という意味をもっていると理解すべきである。その精神があるからこそイノベーションへの原動力が生まれるという面があり，それが世の中に等しく分布していないからこそイノベーションが時々生まれる不均衡過程でありうるのである。[63]」

つまり，「企業家精神」の"希少性"ゆえに，イノベーションとは「非連続」とならざるを得ず，だからこそ，「新しい事態の成立」に「消費者」の「欲望」は激しく掻き立てられ，そこに巨大な「利潤機会」が生まれる，というのである。

「古い秩序が揺らぐその不均衡ゆえに企業にとっての利潤機会が生まれてくるという面がある。均衡状態では期待できないような利潤機会の存

(1959), *Business Behavior, Value and Growth*, The Macmilan Company, pp.90-91.（伊達邦春・小野俊夫訳『企業行動と経済成長』ダイヤモンド社，1962年，107～109頁）

61　青木・伊丹（1985），前掲書，岩波書店，238頁。

62　同上，238頁。

63　同上，228頁。

在が，企業を不確実性に満ちたイノベーションへと駆り立てる原動力の一つなのである[64]。」

では，そもそも，なにゆえに「企業家精神」とは希少である，と解されているのであろうか。青木・伊丹（1985）は，その理由として，「創造的破壊」の過程において「必ず」発生する，「人間の（あるいは社会の）抵抗ないしは保守的行動」の存在を指摘する[65]。Schumpeter（1928）によると，「企業家機能の本質の一部」とは，「経済の分野における新しい可能性の認識とその実現の要求」であるとされ，こうした「企業家機能」の集合体によって「経済の発展」が達成される，としている[66]。すなわち，「個人の多くが経済的経験および実証ずみの慣れたルーティン以上のものを求め，それぞれの現状の経済生活の中で新しい可能性を認識し，その実現を要求することから生ずる推移」こそが，Schumpeterの考える「発展」の意にほかならない。そして，この「発展」を換言したものが，まさしく「創造的破壊」なのである[67]。

いずれにせよ，こうした「発展」や「創造的破壊」に伴い，「克服しなくてはならない仕事」が発生することとなる。たとえば，Schumpeter（1928）には，そうした「仕事の性質」について，次のような詳細な記述が残されている。

　「中心課題は常に国内生産力の従来とは違う活用法の実現であり，それはつまりこの国内生産力を従来の使用から解放し，新結合のために活用できるようにすることである。その時に克服しなくてはならない仕事の性質は，一つには新しい道を行くための客観的・主観的困難により，そしてさらにはそれに反対する我々の周囲の社会の抵抗によって特徴づけられる。客観的な困難をあげるなら，たとえばこれまで知らなかった製品の生産および販売のためのデータは，前半とほぼ同じことだけを行ってきた生産・販売組織にとっては，明らかに経験で知っているこれまで

64　同上，228頁。

65　同上，228頁。

66　Schumpeter, J. A., (1928), Unternehmer, in: *Handwörterbuch der Staatswissenschaften,* hg. v. Ludwig Elster u. a., 4. gänzlich umgearbeitet. Auflage, Bd. 8, Jena, S.483. （清成忠男訳『企業家とは何か』東洋経済新報社，1998年，31頁）

67　*Ebd.,* S.483.（邦訳，30〜31頁）

のデータと同じようによく内容のわかったものではありえない。むしろ，データは見積もるか（たとえば予想される需要について）あるいは新しく入手することさえ覚悟しなくてはならない。その結果として，誤算の可能性は，段階的どころか飛躍的にずっと大きくなる。片や前に行われたことがあり，前回の機械的なくり返しですむ作業と，片や意識も新たに初めて遂行しなくてはならない仕事，その間の差は段階的であると同時に，きわめてけわしい。それに加えて，主観的な困難と我々に感じられるのは，新しいことを習慣にしなくてはならないことである。その場合には，確たる現実感のある同じ感覚を支えとすることはできないし，我々の考え方や行動の習慣を克服して，ルーティンとなっている習慣への奴隷状況から自らを解放しなくてはならない。そして，最後に，我々を取り巻く周囲の環境は，慣れない状況に抵抗する。慣れたことが毎年くり返されるうちは，人々は自動的に，しかも通常は喜んで協力してくれる。新しい方法には労働者が反発し，新しい製品には消費者も気乗り薄で，新しい経営形態には世論・官庁・法律・信用供与者等が抵抗を示す。ルーティンワークでは走り慣れた軌道に乗っていたので，その国のその時代の人々の平均的知性と意志力で十分対応できたものが，上述の困難を克服するためには，少数の個人しかもたないような資質が要求される。それゆえ，一つの国民経済をそっくり新しい軌道に乗せるため，また彼らの経済経験の蓄積を新しくつくり替えるため，こうした個人による経済的リーダーシップが要求されるのである。[68]」

　Schumpeter（1926, 1928, 1934, 1950）のイノベーション観とは，まさしく「企業家精神」を「根源的な原動力」とする，「創造的破壊」そのものであった。そして，そこでの企業家精神とは，「少数の個人しかもたないような資質」という“希少性”ゆえに，「技術の革新」の市場価値を格段に高める存在，として位置づけられている。たとえ，「新しい製品には消費者も気乗り薄」であったとしても，そうした「反発」や「抵抗」をものともせず，あくまで「新しい欲望が生産の側から消費者に教え込」まれるべきとする「精神

68　*Ebd.*, S.483.（邦訳，31〜33頁）

的態度」は，たしかに「世の中に等しく分布していない」であろうし，だからこそ，そこには「均衡状態では期待できないような利潤機会」が「存在」する，と考えられているわけである[69]。

　そして，こうした論理は，一見，そのままに青木・伊丹（1985）の「企業家精神」の理解にも踏襲されると思われたが，つづくシュンペーター仮説をめぐる考察からは，一転して，「企業家精神」とその希少性に関する，まったく異なる視点が提示されることになる。

2-4「イノベーション」をめぐる新たな理論展開：「シュンペーター仮説」と「企業家精神」

　Schumpeterにとって，「創造的破壊」とは「企業家精神」であり，「企業家精神」とは「少数の個人しかもたないような資質」であった。よって，希少性に裏打ちされた「創造的破壊」は，「非連続的」で「特有な現象」である「発展」，すなわち「均衡状態では期待できないような利潤機会」をもたらす——こうした解釈について，青木・伊丹（1985）が積極的に支持してきたことは，前述のとおりである。しかし，つづくシュンペーター仮説の検証結果を受け，青木・伊丹（1985）が展開したその理論的解釈からは，図らずも先のSchumpeterのイノベーション観，さらには企業家精神観とは，まったく異なる洞察が導き出されている。

> 「シュムペーター仮説は，単純化すれば，企業規模が大きいほど，また市場集中度が高いほど，研究開発が活発に行われるというものである。企業規模との関係に限定すれば，この仮説の主な根拠として，研究開発に規模の経済があることと（大規模に行うほど効率的である），大企業のほうが豊富な内部資金を持ち，外部資金の調達機会に恵まれ，規模と多

---

[69]　イノベーションにおける「民族的」な「資質」に着目する視点も存在する。たとえば，林（2016）は，あくまで「私見」としつつ，「迫害の歴史を抱えながら生き延びてきたユダヤ系移民の家系の人たちが，民族的には，環境変化を察知し，もっとも危機意識をもって対応しうるダイナミック・ケイパビリティを有しているように思われる」，としている。林倬史（2016）『新興国市場の特質と新たなBOP戦略—開発経営学を目指して』文眞堂，148頁。

角化によって研究開発に伴うリスクを負担する能力も高く，また製造・販売・財務などの補完的機能が充実していて，研究開発の成果を自分で享受しやすいこと（専有可能性が高い）が挙げられる…（中略）…シュムペーター仮説についてはこれまで多くの研究が行われてきたが，企業規模と研究開発活動の関係に関するこれまでの実証研究の成果を展望すると，シュムペーター仮説が一般的に支持されたとは言い難い。[70]」

こうして，シュンペーター仮説の議論は，いわば，"棄却"という結末とともに，一応の決着を見たわけであるが，同仮説の検証結果からは，一方ではイノベーション機会が「企業規模や独占力」に必ずしも左右されない，というインプリケーションを得ることができたのに対し，他方ではこの結果の解釈をめぐって，どのような理論的枠組みの設定が有効であるか，新たな課題が提示されたことになる。そして，この点に関して，青木・伊丹（1985）の提示した分析視角とは，次のようなものであった。

「これら2つの仮説を支持する論理も反対する論理も，イノベーションに必要なインプットとして上であげた情報蓄積，危険資本，企業家精神，という3つのインプットの供給に関して企業規模や独占力がどのような影響をあたえるか，という観点から議論することができる。[71]」

図表2-12は，青木・伊丹（1985）の議論をもとに，シュンペーター仮説を「支持する論理」，「反対する論理」への解釈を整理したものである。そして，「3つのインプット」がそれぞれに「企業規模や独占力」に作用し，結果的にイノベーション機会の"平準化"がもたらされる，という意図をより明確なものとするために，「3つのインプット」の「※」の合計を，「大企業」・「小企業」・「独占企業」・「競争企業」，いずれも同数（＝※×7）としている。

つまり，青木・伊丹（1985）は，シュンペーター仮説の検証結果を受け，「情報蓄積」・「危険資本」に優る「大企業」・「独占企業」と，「情報蓄積」・「危険資本」に劣る「小企業」・「競争企業」，それぞれのイノベーション機会を同等とする構図を描くために，そこに「企業家精神」に劣る「大企業」・「独占企

---

70 岡室博之（2005）「スタートアップ期中小企業の研究開発投資の決定要因」（RIETI Discussion Paper Series 05-J-015），4頁。

71 青木・伊丹（1985），前掲書，岩波書店，242頁。

図表2-12　シュンペーター仮説を「支持する論理」,「反対する論理」

		3つのインプット		
		情報蓄積	危険資本	企業家精神
企業規模	大企業	※※※	※※※	※
	小企業	※※	※※	※※※
独占力	独占企業	※※※	※※※	※
	競争企業	※※	※※	※※※

企業規模

■　「大企業」と「情報蓄積」…（※※※）
　規模が大きければ，イノベーションのための研究開発を行う優秀な人材を多く持つ
　ことができる／過去の事業活動からの情報蓄積も大きい

■　「大企業」と「危険資本」…（※※※）
　大企業ほど内部資金の蓄積が大きく，それをみずからの責任で企業全体を危険にさ
　らすことなくイノベーション活動に投資できる／外部からの資金調達の際にも，企
　業規模は信用の大きさと関係をもち，やはり大企業は有利に立つ

■　「小企業」と「情報蓄積」…（※※）
　せまい領域に限定すれば，企業規模に関係なく深い蓄積が可能である

■　「小企業」と「危険資本」…（※※）
　資金調達の方法を工夫することによって，規模の不利さをかなり克服できるし，発
　明や初期の技術開発の段階のように危険資本がそれほど大量に必要とされないイノベー
　ションもある

■　「大企業」と「企業家精神」…（※）
　大企業につきもののきっちりとした管理組織，とくに官僚制組織はそこに働く人々
　の企業家精神を殺す傾向がある／大企業のもつ経済的な余裕も，人々を現状に安定
　させ，実験への意欲，創造への挑戦欲を引き出さない危険がある／大企業ほど既存
　分野での既得権益と利害が大きく，現状への創造的破壊をやりにくい状況におかれ
　ている

■　「小企業」と「企業家精神」…（※※※）
　企業者的経営者にひきいられた小企業は企業家精神に関して上にあげたすべての面で，
　大企業より優位に立つことができる

独占力

■ 「独占企業」と「情報蓄積」＋「危険資本」…（※※※）＋（※※※）
独占によってうまれる超過利潤が危険資本の源泉となり，また企業内に余裕のある情報蓄積を可能にする財源となる

■ 「独占企業」と「企業家精神」…（※）
独占的地位は既得権益そのものである，とこの論理ではいう／そこではイノベーションの本質である創造的破壊を試みようとする動機は小さくなるのが当然である

■ 「競争企業」と「情報蓄積」＋「危険資本」…（※※）＋（※※）
技術の本質の一つがその公共財的な性格とくにフリー・ライダーの可能性であることであるから，独占によって自分の開発する技術の経済的成果を確保する保証がなければ，そのような公共財の私的生産が行われにくい

■ 「競争企業」と「企業家精神」…（※※※）
競争による脅威の存在が，企業に実験というリスク・テーキングをさせる刺激になる

出所：青木昌彦・伊丹敬之（1985）『企業の経済学』岩波書店，242～244頁，を参考に筆者作成。

業」と，「企業家精神」に優る「小企業」・「競争企業」という視点をあえて組み込んでいる，と考えられるのである。こうすることで，初めて「大企業」・「独占企業」と，「小企業」・「競争企業」とが，イノベーションにおいて伍して競い合える可能性を，なんとか理論的に示そうとした，と考えられよう。

　　「大企業は研究開発においてより効率的であり，さらに大規模にイノベーションを利用することができるという優位性を速やかに実現できるという議論に対し，大きな組織特有の官僚的な管理制度がこうした潜在的な優位性を部分的にあるいは完全に相殺するという反論もある。[72]」

　では，なにゆえに「小企業」・「競争企業」には，「少数の個人しかもたないような資質」＝「企業家精神」を有した人材，すなわち「創造的『破壊』」を「好む」人材が集まる，と考えられるのであろうか。

　　「創造的『破壊』をだれもが等しく好むのであれば，たとえば多くのイ

72　Nelson, R. R. and Winter, S. G., (1982), *An Evolutionary Theory of Economic Change*, The Belknap Press of Harvard University Press, p.279.（後藤晃・角南篤・田中辰雄訳『経済変動の進化理論』慶應義塾大学出版会，2007年，332頁）

ノベーションが，資金的に苦しく（したがってリスクに対する対応力の
小さい）技術の蓄積もあまり大きくない小企業からしばしば生まれると
いう事実は，説明が難しくなるであろう。[73]」

　この問いについて，青木・伊丹（1985）の用意した回答とは，図表2-12に
あるように，次のようなものであった。

　　　「企業家精神の面では，小企業の方が優位に立つ。大企業につきものの
　　　きっちりとした管理組織，とくに官僚制組織はそこに働く人々の企業家
　　　精神を殺す傾向がある。[74]」

　すなわち，「小企業」・「競争企業」だからこそ「企業家精神」を有した人
材が集まっているわけではなく，「大企業」・「独占企業」の組織内部におい
て「企業家精神」が「殺」されてしまうがために，結果的に「大企業」・「独
占企業」よりも「小企業」・「競争企業」の方が「企業家精神」に優ってしま
う，というのである。

　そもそも，「正確に描写することができない」はずの「企業家精神」につ
いて，Schumpeter（1928）が，特定の「個人」による生来の「資質」として
「描写」を試みたのに対し，青木・伊丹（1985）は，次第に「組織」で「働く
人々」から失われていく存在として「描写」を試みるなど，その認識の仕方に
は明らかな違いがある。そして，こうした認識の違いは，当然，前出の希少
性の議論へも影響を及ぼすことになる。つまり，こうした青木・伊丹（1985）
の解釈によれば，「企業家精神」の希少性とは，「少数の個人しかもたないよ
うな資質」によるものなどでは決してなく，いわば制度的な条件などによっ
て，「世の中に等しく分布していない」状況が結果的に作り出されたに過ぎな
い，ということになる。

　さらに，青木・伊丹（1985）の「企業家精神」への解釈からは，次のよう
なロジックも成立することになる。すなわち，図表2-12の理論的な含意とは，
たしかに「企業家精神」においては劣位にあるが，逆に「情報蓄積」・「危険
資本」では優位にある「大企業」・「独占企業」と，「企業家精神」においては
優位にあるが，逆に「情報蓄積」・「危険資本」では劣位にある「小企業」・

73　青木・伊丹（1985），前掲書，岩波書店，228頁。
74　同上，243頁。

「競争企業」とを比較した場合，結果的にイノベーション機会における優劣がつかない，というものであった。これは，換言すれば，「企業家精神」に優る「小企業」・「競争企業」と同様に，「企業家精神」に劣る「大企業」・「独占企業」もまた，「均衡状態では期待できないような利潤機会」を手にする可能性がある，ということを意味している。つまり，「イノベーションに必要なインプット」のうち，「企業家精神」こそが「最も重要なもの」とはいえない，ということになる[75]。

　いずれにせよ，以上の青木・伊丹（1985）の解釈によれば，希少性に裏打ちされた「企業家精神」ゆえに，「技術の革新」の市場価値が格段に高められ，その結果，「新しい欲望が生産の側から消費者に教え込」まれることが可能となり，最終的に「均衡状態では期待できないような利潤機会」をもたらすとした，一連のSchumpeterのイノベーション観は，まさしく根底から否定されてしまうことになる。そして，そのことはまた，「技術の革新」や「創造的破壊」といったキーワードを支持しつつも，シュンペーター仮説の検証結果を前に，結局はSchumpeterのイノベーション観を否定せざるを得なくなった青木・伊丹（1985）のイノベーション観についても，まったく同様である。なぜならば，「企業家精神」の希少性を訴えつつも，そうした希少性がSchumpeterの意図した「少数の個人しかもたない」といった，事前の結果に起因するものではなく，「官僚制組織」が「そこに働く人々の企業家精神を殺す」といったように，あくまで事後の結果として解釈するなど，結果的に青木・伊丹（1985）は，自らの支持するSchumpeterのイノベーション観を否定することによって，返す刀で自らのイノベーション観もまた否定する結果となっているからである。

　いずれにせよ，こうした青木・伊丹（1985）の見解が，Schumpeterのイノベーション観からの"解放"への糸口を提供していること，そして，ここからイノベーションに関する理論的な研究が，ようやく現代的な理解や定義との整合性を生み出しつつあることに対しては，一定の評価がなされるべきであろう。

75　たとえば，「企業家精神」とそれ以外の「インプット」との「代替関係」が成立する可能性については，同上，246〜247頁，を参照のこと。

2-5 小括

　本章では，Schumpeter（1926, 1928, 1934, 1950）や青木・伊丹（1985）の所説を参考に，イノベーションの現代的理解と整合し得る，新たなイノベーション理論について検討を行った。

　まず，イノベーションの現代的理解として，イノベーションの目的とは「生産性の向上」の達成であり，具体的には「企業の技術」が「変化」することにより，「生産関数の上方シフト」が起こることを意味する，という点を再確認した。そして，この場合の「変化」とは，とくに「何か新しいもの，今までになかったもの，従来とは異なる変化でなくてはならない」わけでは決してなく，「技術の革新」そのものは，必ずしも要件とはされていない。なぜならば，新規性を有した特許技術が，企業に「生産性の向上」を実現するのと同じく，たとえ新規性を喪失した公用・公知の技術であっても，それを初めて導入する企業にとっては，実質的には技術が「変化」することで「生産関数の上方シフト」が起こり，結果として「生産性の向上」が達成され得るからである。

　こうして，「技術革新を経済発展とのダイナミックスの中で明示的に取り上げて経済諸変量との関連を問題視した」，かつての「シュンペーターの発想」は，「生産関数という枠組み」において「生産要素としての資本と労働で説明できない第3の要因」，すなわち「TFP」または「MFP」の「概念」として，新たに生まれ変わる，そのはずであった。[76]

　しかし，結果的に，そうした転換が現実のものとなることはなく，現在もイノベーションの現代的理解が一般的理解として認知されるには至っていない。むしろ，「企業の技術」の「変化」を，新規性を有した「技術の革新」に限定し，そうした「革新」さゆえに「生産者主導」による「創造的破壊」を正当化する，伝統的なSchumpeterのイノベーション観こそ，いまだ支配的なイノベーション認識として世間一般には受け止められているのが現状である。たとえば，最近出版された経営学関連書籍におけるイノベーション定義とは，

76　渡辺千仭（2001）『技術革新の計量分析―研究開発の生産性・収益性の分析と評価』日科技連出版社，11～12頁。

相も変わらず，「既存の努力の延長線上では出現してこないような画期的に新しい製品や生産方法，組織，ビジネスのやり方のこと。またそれを生み出すプロセスのこと[77]」，というものであり，これは図表2-11にあるSchumpeter（1926）による「新結合の遂行」の内容の焼き直し，といってよい。

　こうした傾向は，「企業家精神」においても，まったく同様である。たとえば，青木・伊丹（1985）は，Schumpeterのイノベーション観に依拠しつつ，イノベーションに必要な「3つのインプット」のうち，「企業家精神」こそが「創造的破壊」の「根源的な原動力」である，とした。Schumpeterによれば，「企業家精神」とは，「少数の個人しかもたないような資質」であり，こうした希少性がそのまま「非連続的」な「技術の革新」を実現し得る，と考えられていたからである。

　ところが，「イノベーション」と「企業規模や独占力」との相関に否定的な，いわゆるシュンペーター仮説の検証結果について，青木・伊丹（1985）が提示した解釈とは，「情報蓄積」・「危険資本」に優る「大企業」・「独占企業」において恒常的に「企業家精神」が「殺」されており，このことが「情報蓄積」・「危険資本」に劣る「小企業」・「競争企業」との差を無かったものとさせ，結果的に両者のイノベーション機会を同等とさせてしまう，というものであった。つまり，青木・伊丹（1985）は，「企業家精神」が「少数の個人しかもたないような資質」などではなく，また必ずしもイノベーションの「インプット」として不可欠な存在ではないことを明らかにしたわけであるが，そのことは結果として，自らが依拠するSchumpeterのイノベーション観を根底から否定していたことになる。

　以上，本章での考察からも明らかなように，イノベーション理論の新展開にとっては，たしかにイノベーションそのものへの現代的理解の重要性はいうまでもないことであるが，加えてイノベーションと不可分とされる「企業家精神」の現代的理解もまた，同じく不可欠とされていることが確認された。そして，この「企業家精神」の解釈をめぐる考察過程において，まさしくSchumpeterのイノベーション観とそれに依拠した議論のロジックが，い

77　沼上幹（2016）『ゼロからの経営戦略』ミネルヴァ書房，133頁。

かに整合性に欠けたものであったか，という点が図らずも明らかにされたわけである。これまで支配的であったSchumpeterのイノベーション観からの"解放"，これこそがイノベーション理論の新展開の鍵を握っている，ということである。そして，その際のキーワードこそ，まさしく「企業家精神」ということになる。次章では，この「企業家精神」について，改めて深く掘り下げていくこととしたい。

第3章

現代企業における企業家精神の所在：
「内部非効率性」を相殺する何か

3-1 問題の所在

　企業家精神に対する経営学のスタンスは，経済学におけるそれとは大きく異なる。経済学のスタンスについては，前述したように，「正確に描写することができない」，というものであった。しかし，経営学においては一転，その「正確」な「描写」が可能，とされている。ところが，その「描写」についてみると，実際に成功を収めた企業家（起業家）へのインタヴューやアンケート調査の回答そのものをもって，企業家精神の存在証明としているものが多い[1]。わざわざ，Taleb（2004）の「生存バイアス（survivorship biases）[2]」の指摘を引用するまでもなく，これらが「生き残った」企業家（起業家）だけを「サンプル」とした分析であることからも明らかなように，企業家精神とは，現在も「正確に描写することができない」存在のままにある，といえよう[3]。

　本章では，引き続き青木・伊丹（1985）の所説を足掛かりとして，これにKirzner（1973），Leibenstein（1987），そしてWilliamson（1963，1967）らの非効率性への分析視角を援用することで，企業家精神の"所在"に関する，まったく異なる理論的解釈の可能性を提示することを目指している。果たし

1　たとえば，Dyer, J. H., Gregersen, H. B. and Christensen, C., (2008), "Entrepreneur Behaviors, Opportunity Recognition, and The Origins of Innovative Ventures," *Strategic Entrepreneurship Journal*, 2, pp.317-338, などがその一例として挙げられよう。

2　Taleb, N. N., (2004), *Fooled by Randomness: The hidden role of chance in life and in the markets*, TEXERE, p.143.（望月衛訳『まぐれ—投資家はなぜ，運を実力と勘違いするのか』ダイヤモンド社，2008年，179頁）

3　*Ibid.*, p.147.（邦訳，184頁）

73

て，「正確に描写することができない」とされている企業家精神について，経済学における企業・組織研究の分野では，どのようなアプローチ方法が存在するのであろうか。また，そうしたアプローチから，どのようにして企業家精神の“所在”を明らかにしようとしているのであろうか。

3-2「企業家精神」と「組織管理上の工夫」：「小規模な独立組織の有効性」

　青木・伊丹（1985）には，次のような一文がある。

　　「…企業家精神の供給に困難が発生する可能性のかなりある，企業の極端な大規模化あるいは極端な独占は，その困難を解決できる組織管理上の工夫がされない限り，おそらくイノベーションにとってあまり望ましくないことになるであろう[4]。」

　これは，先のシュンペーター仮説の検証結果を受けて，青木・伊丹（1985）が独自に導出した理論的解釈である。青木・伊丹（1985）では，この点に関して具体的な検証作業が行われたわけではないため，その指摘そのものは，いわば推測の域を出ないものとして受け止めるのが適切であろう。ところが，こうした青木・伊丹（1985）の指摘が，一部の企業では現実のものとなっていることも，また事実である。たとえば，古くは，Lockheed（現在のLockheed Martin）による「スカンクワークス（skunk works）」，そして最近では，前出のGEのLGTなどで知られる，いわゆる「大規模な組織の中の自律的グループ」がそれに該当する。

　　「マクドナルドは新製品開発を『市場調査に基づく研究開発』という仕組みに委ねることで，資源保護，標準化，物流といった問題を解決している。だが官僚的組織が，自由奔放な創造的発想を助長するにはどうすればよいのか。この問いへの答えは1943年に生まれた。通常の組織構造とは独立した小さなグループにイノベーションを任せるという手法で，ロッキード社が『行動開発計画』なるものを立ち上げて少数精鋭

4　青木・伊丹（1985），前掲書，岩波書店，244頁。

の技術者チームを集め，イギリスから供給される戦闘機用ジェットエンジン『ゴブリン』に適した機体の設計を委ねたのだ。クラレンス（通称"ケリー"）・ジョンソン率いるこの開発チームは，他の従業員と距離を置くため，借り受けたサーカステントに陣取った。そこに入れるのは，プロジェクトに直接携わる人間に限られていた。テントはたまたまプラスチック工場の隣に設置され，工場の悪臭がひどかったことから，この特別プロジェクトチームには『スカンクワークス』というあだ名がついた。今ではこの言葉は，大規模な組織の中の自律的グループを指すようになった…（中略）…当時，戦闘機開発プロジェクトが社内の他の事業から隔離された大きな理由は，その機密性だった。空軍には，数千人ものロッキード社員がこのプロジェクトを秘密にしておけるとは思えなかった。こうした隔離主義の副次的効果で，自由な発想を持つ技術者たちはロッキードの官僚的組織による抑制と均衡の仕組みから解放されることになった（ただしイノベーターだからといって官僚主義とは無縁というわけではない。ロッキードのウェブサイトに掲載された『ケリーの14ヵ条』を見るとよくわかる。第五条には『必要最低限の報告書というものがあっても，重要な仕事は完璧に記録を残さなければならない』とある。つまり，これはルールを最小限に抑えるためのルールなのだ）[5]」

また，「大規模な主流組織（large, mainstream organizations）」とは別に「小規模な独立組織（small, independent organization）」を新たに設置すべき，とのChristensen（1997）の主張も，記憶に新しい。

　「小規模な独立組織のほうが，失敗に対しても正しい態度でのぞめる可能性が高い。最初の市場への進出は，成功しない可能性が高い。そこで，失敗に対する柔軟性が必要だが，自信を失うことなく再び挑戦できるように，失敗は小さくとどめる必要がある。ここでも，失敗に対する耐久性を身に付ける方法は二つある。主流組織の価値基準と文化を変えるか，新しい組織をつくるかである。主流組織にリスクや失敗に対し，もっと

5　Fisman, R. and Sullivan, T., (2013), *The ORG: The underlying logic of the office*, Twelve, pp.112-113.（土方奈美訳『意外と会社は合理的—組織にはびこる理不尽のメカニズム』日本経済新聞社，2013年，137～138頁）

寛容になるよう頼むのは難しい。その理由として最も多いのは，持続的技術の変化に投資している際は，一般にマーケティングの失敗を許したくないからだ。主流組織は，顧客のニーズを調べることもできる既存の市場に対して，持続的イノベーションを持ち込む。このようなプロセスには，最初は失敗してもよいということはない。このようなイノベーションは，綿密に計画し，協調して実行する必要がある。最後に，独立組織にはさほど大きな資金力は必要ない。親企業に多額の利益を計上しなければならないとのプレッシャーを社員には与えたくはないが（そのようなプレッシャーを受けると，最初から大きな市場を探して，無駄な結果に終わる可能性が高い），小さな組織の財政をできるだけ早く楽にするために，なんらかの方法を見つけたい，どこかに顧客を見つけたいとのプレッシャーは，つねに感じてほしい。新しい市場の開拓につきものの試行錯誤のなかで，強いモチベーションを育てていく必要がある。[6]

しかし，こうした「小規模な独立組織」の有効性を指摘する声がある一方，他方では，「大規模な主流組織」を支持する声も依然として大きい。たとえば，前出のChristensen（1997）によると，「小規模な独立組織」とは，あくまで「破壊的イノベーション（disruptive innovation）」に「直面したときだけ」に必要とされる存在に過ぎず，「持続的イノベーションの開発と実現に関しては，大規模な主流組織のほうがはるかに創造的であることが強く裏づけられている[7]」，とされている。また，多くのベンチャー企業が，そもそも「大規模な主流組織」から「スピンアウト（spinning out）」や「スピンオフ（spinoffs）」している現実と照らし合わせると，イノベーションの中心的な役割を担い得る存在として，逆に「大規模な主流組織」の方が際立つことになる。

　「大手の既存企業のイノベーション力については疑問がないわけではないが，大手企業がイノベーションにおいて重要な役割を担うことに疑

6　Christensen, C. M., (1997), *The Innovator's Dilemma: When new technologies cause great firms to fail*, Harvard Business School Press, p.219.（玉田俊平太監修・伊豆原弓訳『イノベーションのジレンマ―技術革新が巨大企業を滅ぼすとき【増補改訂版】』翔泳社，2001年，290〜291頁）

7　*Ibid.*, p.219.（邦訳，291頁）

いの余地はない。大手の既存企業は，全社的な研究に資金を提供することで発見や発明の土台を築き，それがイノベーションプロセスを育てる。多くのベンチャー企業は，大手の既存企業で開発されたアイディアを基に生まれたのである。ヒューレット・パッカード，インテル，それにアップルなどからスピンオフした企業がそれを証明している。大手の既存企業はこうして，小企業や政府では簡単には果たせない機能を果たしているのだ。また，大手の既存企業におけるイノベーションのプロセスは，新興企業のそれよりも高くつくことがしばしば議論の的になる。しかしこの議論は，多くの新興企業が，新製品や新規市場を生み出すために常に競争にさらされていること，そしてその多くが失敗しているという事実を無視している。失敗した新興企業が負担したコストをすべて考慮した上で，成功した新興企業のコストとそれを合わせ，イノベーションにかかわる全費用を計算した場合，新興企業が関わったイノベーションのプロセスが大手の既存企業が関わったイノベーションよりも効率的かどうかは明確ではない。[8]」

たしかに，一部の企業事例からは，「大規模な主流組織」よりも「小規模な独立組織」の有効性を認識し得るものの，このように，その反対事例も存在しているため，どちらが有効であるか，最終的な結論は出ていない。では，ここで視点を変えて，「イノベーションへのインセンティブ（incentive to innovation）」という角度から，この問題を改めて取り上げてみることとしたい。すなわち，「埋没費用の効果（sunk cost effect）」，「取替効果（replacement effect）」，そして「効率性の効果（efficiency effect）」という各視点から，企業規模ごとの「イノベーションへのインセンティブ」比較を行おう，というのである（図表3-1参照）。

たとえば，「埋没費用の効果」とは，具体的には，次のような内容を意味するとされる。

---

8 Burgelman, R. A., Christensen, C. M. and Wheelwright, S. C., (2004), *Strategic Management of Technology and Innovation*, 4th ed., McGraw-Hill/Irwin, p.670. （青島矢一・黒田光太郎・志賀敏宏・田辺孝二・出川通・和賀三和子監修／岡真由美・斉藤裕一・櫻井裕子・中川泉・山本章子訳『技術とイノベーションの戦略的マネジメント（下）』翔泳社，2007年，15頁）

図表3-1　イノベーションへのインセンティブ：3つの効果

		3つの効果		
		埋没費用の効果	取替効果	効率性の効果
企業規模	大企業 （＝既存企業，独占企業）	負のインセンティブ	負のインセンティブ	正のインセンティブ
	小企業 （＝新規参入企業，潜在的参入企業）	正のインセンティブ	正のインセンティブ	負のインセンティブ

埋没費用の効果

■　「小企業（＝「新規参入企業」）に「正のインセンティブ」
　　　　　　　　⇔　「大企業（＝「既存企業」）に「負のインセンティブ」

新しくゼロから始めるなら違う決定を下すことになるとしても，利益最大化を目指す企業が，既存の技術や製品コンセプトに固執するかもしれない

取替効果

■　「小企業（＝「新規参入企業」）に「正のインセンティブ」
　　　　　　　　⇔　「大企業（＝独占企業）」に「負のインセンティブ」

イノベーションによって，新規参入企業は独占企業に取って代わることができるが，独占企業は自分自身に取って代わるに過ぎない

効率性の効果

■　「大企業（＝既存の独占企業）」に「正のインセンティブ」
　　　　　　　　⇔　「小企業（＝「潜在的参入企業」）に「負のインセンティブ」

新規参入企業が参入することで得る利益より，独占企業が他社の参入によって失うもののほうが多い

出所：Besanko, D., Dranove, D. and Shanley, M., (2000), *Economics of Strategy*, 2nd ed., John Wiley & Sons, pp.488, 491, & 494.（奥村昭博・大林厚臣監訳『戦略の経済学』ダイヤモンド社，2002年，525，528，531頁），を参考に筆者作成。

　「旧技術によって生産活動を行う中小企業は，新技術に移行することがもたらす機会費用が旧技術によって大きな利益を上げる大企業よりも低いかもしれない。イノベーションによって新たな生産方法を採用しようとするとき，大企業の方がかえって大きな機会費用を支払うことを余儀なくされるが，中小企業は変化に対応するときの機会費用が低いため，

大企業よりもイノベーションに積極的にチャレンジする可能性が高い[9]。」
また，「取替効果」とは別名，「アロー効果（Arrow effect）」とも呼ばれ，
その内容は，前出の「埋没費用の効果」と近似している。

　「いま，二つの企業を考えてみよう。一つ目の企業は業界一位のシェア
を持つ産業のリーダーである。二つ目の企業はその産業における新規参
入者である。どちらも革新的な経営を採用することにより，その産業内
で最も高い生産技術を得られる可能性があると想定する。この技術革新
は業界における絶対的優位性をもたらし，大きな利潤を生む。リーダー
企業においては技術革新によってその立場をより確固たるものにし，新
規参入者においては一気にトップ企業に上り詰める。この技術革新の可
能性はどちらの企業にとってより大きな意味を持つだろうか。上述の状
況においては，新規参入者がより大きな革新のインセンティブを持つ。
この事実を理解するためには，革新的経営のインセンティブが技術革新
による追加的な利潤の増加分によって定められることに注目すればよい。
すでに業界一位となっている企業にとっては，すでに大きな利潤を挙げ
ているが故に利潤の増加分は少ない。一方で，新規参入者あるいは業界
において大きな勢力を持たない企業は，現状における利潤が少ないため
に，革新することによる利潤の増加分も大きくなる。別の言い方をすれ
ば，新規参入者は業界での地位を上げるというメリットがある一方で，既
に高い地位にいるリーダーにはそのメリットがない。そこで，一般には，
現在のシェアが小さい企業の方がより大きな革新のインセンティブを持
つということになる。このため，技術革新の可能性は業界内の地位を入
れ替える効果を持つ。この効果をアロー効果と呼ぶ[10]。」

9　若杉隆平・伊藤萬里（2011）『グローバル・イノベーション』慶應義塾大学出版会，171
　～172頁。

10　加藤晋（2014）「設研の視点 第33回 リーダー企業の保守的経営」日本政策投資銀
　行・設備投資研究所 website（URL http://www.dbj.jp/ricf/pdf/information/column/
　RICF_Column_20141104.pdf）。原論文は，次のとおり。Arrow, K., (1962), "Economic
　Welfare and the Allocation of Resources for Invention," in Universities-National Bureau
　Committee for Economic Research, and Committee on Economic Growth of the Social
　Science Research Council, (eds.), *The Rate and Direction of Inventive Activity: Eco-
　nomic and social factors*, Princeton University Press, pp.609-626.

このように，「埋没費用の効果」と「取替効果」の観点からすれば，「大企業」の「イノベーションへのインセンティブ」とは，「小企業」のそれよりも弱い，ということになる。しかし，Besanko *et al.*（2000）は，「インセンティブ」という分析視角をもってしても，企業規模によるイノベーション創出の優劣を測ることはできない，と結論づけている。それは，「効率性の効果」という観点からすると，逆に「大企業」の「イノベーションへのインセンティブ」は，「小企業」のそれよりも強い，ということになるため，結局のところ，それまでの議論上の優劣も，きれいに相殺されてしまうからである。

　　「ビジネスの歴史を見ても，豊富な資産（革新的な製品，高い評判，潤沢な資金，強力な流通販路など）を持つ企業が，一見はるかに小さい資産の企業によって，市場を侵食されたり取って代わられた例は数多い。すぐに思い浮かぶ例は，コピー機でのキヤノン対ゼロックス，テレビでのRCA対ソニー，そしてニュース番組でのネットワーク局対CNNであろう。このような現象は，小規模の企業がより『小回り』がきき，大手の企業ほど官僚的でなく，そのためイノベーションに対して意欲的で，既存のやり方から決別することをいとわないためだと解釈されることが多い。この説明は，大企業と小企業を対比する常套句でもある。大企業のマネジャーは『近視眼的』で，彼らの優位を脅かすおそれのある企業を無視してしまう。小さな企業は『貪欲』で，彼らより規模の大きいライバルが持っていない革新的なアプローチを追及する勇気を持っている。こうした議論は表層的には受け入れられやすいものの，深みに欠けている。根本的な問題に答えることができないのである。もしマネジャーが合理的な判断を下すと仮定するならば，なぜ地位を確立した企業は，新規参入企業や限界的な企業と比べて，組織的にイノベーションを起こし，既存のやり方を断ち切ることができなくなるのであろうか。ことによると，大手の地位を確立した企業は…（中略）…ある種のインセンティブとインフルエンスのために，自己変革ができないのであろう…（中略）…もう１つの可能性を探ってみたい。すなわち，ある特定の経済状況では，イノベーションを起こさないことが合理的なのかもしれない。２つの作用が，企業がイノベーションを起こさないことを合理的にしている

可能性がある。それは，埋没費用の効果と取替効果である。加えて，埋没費用の効果と取替効果を相殺し，地位を確立した企業がイノベーションを行うインセンティブを強化する，効率性の効果と呼ばれる作用についても議論してみたい。[11]」

「新しいイノベーションを開発するための既存企業と潜在的参入企業との競争では，取替効果，効率性の効果，埋没費用の効果は同時に働く。どの影響が一番強く働くかは，そのイノベーション競争の固有の状況による。たとえば，小さな競争相手や潜在的参入企業がイノベーションを開発する可能性が低ければ，取替効果と埋没費用の効果が状況を支配するであろう。その時は，既存企業のイノベーションの主な影響は，既存の利益を食いつぶし，既存の経営資源と既存技術に関連するケイパビリティを引き下げることになる。逆に，独占企業がイノベーションに失敗したらまず間違いなく新規参入企業がイノベーションを開発するような時は，効率性の効果が状況を支配するかもしれない。この場合，既存企業がイノベーションを行う主な利点は，新たな競争による利益の悪化を食い止めることにある。もし新規参入企業がイノベーションに成功したら，彼らはコスト優位または便益優位を構築して新たな競争を生むことになるからだ。[12]」

こうした，「イノベーションへのインセンティブ」といった視点からすれば，その議論の中に企業家精神という用語の介在する余地などない，ということがわかる。とすれば，やはり，本章において参考とすべきは，これまでに企業家精神の理論的な解釈の可能性を提示し得た研究，すなわち青木・伊丹（1985）の研究，ということになるであろう。

---

11 Besanko, D., Dranove, D. and Shanley, M., (2000), *Economics of Strategy*, 2nd ed., John Wiley & Sons, p.488.（奥村昭博・大林厚臣監訳『戦略の経済学』ダイヤモンド社，2002年，524頁）

12 *Ibid.*, pp.494-495.（邦訳，531頁）

3-3「企業家精神」と「内部非効率性」：
Kirzner, Leibenstein, そして Williamson

(1)「企業組織の規模の拡大」と「組織内取引のコスト」

　青木・伊丹（1985）が，「大企業」の中にも企業家精神の存在を見出していたことは，前述のとおりである。とすれば，青木・伊丹（1985）は，企業家精神が「少数の個人しかもたないような資質」ではなく，むしろ「組織」に「働く」不特定多数の「人々」にも存在している，いわば，ありふれた「資質」であると認識していたことになる。では，そうした「資質」とは，いったいどのようなものであろうか。前出のように，この点に関連した Kirzner（1973）の見解は，次のようなものであった。

　　「私にとって重要な企業家の資質は，日常性と訣別する能力ではなく，新しい機会を認知する能力である。企業家精神とは，新しい製品や新しい生産技術を導入することではなくて，新しい製品が消費者に価値あるものとなり，他人が知らない新しい生産技術が企業化できることを見通す能力なのである…（中略）…シュンペーター体系で企業家が達成するものは，循環を撹乱し，均衡から不均衡を創造することである。逆に，私にとって企業家の役割は，体系内の運動の根本ではあるが，均衡化影響力をもっていることである。均衡というなめらかな循環への傾向を生み出すのは，未来の機会への企業家的機敏性である。シュンペーターにとっては，企業家精神は経済発展を触発するうえで重要であるが，私にとっては，あらゆる意味で市場プロセスがうまく活動するように作用することであり，経済発展の可能性は，特殊ケースの一つに過ぎない[13]。」

　つまり，Kirzner（1973）にとって，「企業家」及び「企業家精神」とは，少なくとも Schumpeter の指摘するような「革新の源泉」ではない，ということである。

　　「私は企業家を革新の源泉とは見なさないで，すでに存在し認知されるのを待っている諸機会に対して機敏であるものと見なしている。また，

13　Kirzner, (1973), *op. cit.*, p.81.（邦訳，84頁）

経済発展においても，企業家は機会を創造するのではなく，機会に反応
し，また，利潤を発生させるのではなく，利潤機会をとらえるのである。
有利な資本利用の生産方法が技術的に利用可能であり，必要な資本を準
備するのに蓄積が十分あるなら，企業家精神がこの投資を実行するため
に必要とされている。企業家精神なしに，また新しい機会への機敏さな
しには，長期的な利潤は利用されないで放置されることになる。[14]」

　Kirzner（1973）は，「企業家精神」を，「利潤機会をとらえる」ための「新
しい機会への機敏さ」，と表していたわけであるが，では，こうした「機敏
さ」とは，具体的には，いったいどのようなものを指しているのであろうか。

　「企業家精神に厳密に相応している知識の面は，市場データの実際的
知識ではなくて，どこで市場データを発見するかについての知識という
機敏性であることになる…（中略）…企業家とは，生産諸要素のサービ
スを雇用する人間である。それらの要素のうちには，市場情報に優れた
知識をもつ人間がいるであろうが，雇用された情報の所有者はその情報
を彼ら自身では利用できないという事実は，多分真実に近く，知識は彼
らによってではなく，彼らを雇用した人間によって所有されていること
を示している。誰を雇用すべきか，どこで利益機会をあげるのに必要と
される市場情報をもっている人間を探すか，を『知っている』のは後者
（雇用主）なのである。被雇用者には知られている事実を，雇用主自身
では保有していなくとも，雇用主はそれらの事実を知っていることにな
る。この意味から，情報をどこで探すかを知る性向—機敏性は，諸事象
の推移を支配していることになる。その場合，結論的には，企業家精神
に必要とされる『知識』の種類は，実質的な市場情報の知識ではなくて，
『知識をどこで探索すべきかの知識である』。この種の『知識』をぴった
りと表現する言葉は機敏性であると思える。また，『機敏性』は雇われう
るというのも真実である。しかし，知識を発見するのに機敏な被雇用者
を雇う人間は，より高次の機敏性を発揮していることになる。企業家的
知識は『高次の知識』と言えようし，すでに保有されている（あるいは

14　*Ibid.*, p.74.（邦訳，78頁）

発見可能性のある）利用可能な情報を実用化するのに必要な究極の知識と言えよう[15]。」

イノベーションの現代的理解にとって，需要の存在を抜きに議論を進めることはできず，それは企業家精神の現代的理解にとっても然りである。たとえば，Kirzner（1973）の主張する「企業家精神」の具体的中身とは，「どこで市場データを発見するかについての知識という機敏性」であるとされるが，これは，「誰を雇用すべきか，どこで利益機会をあげるのに必要とされる市場情報をもっている人間を探すか」という「知識」を意味する。つまり，単なる「市場情報に優れた知識」ではなく，そうした「知識をどこで探索すべきかの知識」であり，これこそが「市場データ」の「実用化」を可能とする，というのである。しかし，「市場データ」の「実用化」とは，単に「潜在的な需要を正しく掘り当て」るだけでなく，それを「生産性の向上」へとつなげる，まさしく"効率的なプロセス"の実現を不可欠とする。

Kirzner（1973）は，「市場データ」を「被雇用者」が「所有」しているとしても，そのことを「雇用主」が「知っている」ことが，「雇用主自身」を「企業家」ならしめる，としている。その意味では，「企業家精神」の「所有者」である「企業家」とは，やはり「生産諸要素のサービスを雇用する人間」＝「雇用主」に限定されてしまうことになる。ところが，前出のように，Kirzner（1973）の指摘する「高次の知識」が，「雇用主」にのみ「保有」されるとする論拠は，必ずしも明確にされてはいない。むしろ，「雇用主」はもとより，「雇用主」以外の「働く人々」すべてがそれを「保有」している，と考える方が自然である。なぜならば，前述した"効率的なプロセス"を念頭に置くとすれば，「情報蓄積体」としての企業組織全体の中にこそ，「知識」や「市場データ」が存在していると考える方が，やはり現実的だからである。

「企業は，新しい需要の動きを発見しようとする。さらには，新規需要の創造ができないかと考えて，さまざまな働きかけを行う。そのために多くの新製品が開発されている。そうした開発のためにも，企業は技術のポテンシャルを発見し，自ら蓄積しようとする…（中略）…さらに面

---

15 *Ibid.*, pp.67-68.（邦訳，72〜73頁）

白いのは，こうした知識や情報の蓄積が，とくに蓄積自体を目的として資源投入をすることによって実現されるばかりでなく，事業活動を普通に行っている中でも起きることである。製品を顧客に使ってもらっているプロセスで，さまざまな意見が顧客から寄せられる。ときにはクレームもある。それらは，貴重な情報源である。あるいは，生産方法を改善できないかと考えて仕事をしている従業員が，生産工程の不具合などについてさまざまな観察をするようになる。それが工程改善の知恵になる。あるいは，その製品を少し変えれば別の用途に使えそうだと思いつくようになる。これらは，市場や技術に関する知識の蓄積が仕事をするプロセスを通じて増えていく例である。それが可能になっているのは，人々が学習する存在で，その学習が仕事の場で行われるからである。こうして企業は，需要についての知識・情報，技術ポテンシャルについての知識・情報の巨大な蓄積をもつことになる。しかも，企業活動をしていなければ生まれない蓄積も大きい…（中略）…情報と知識は，企業で働く個々の人々の頭脳と手の中に溜まるのがもっとも自然な在り方だが，それと同時に，チームに蓄積されることも多い…（中略）…つまり，企業は個人には必ずしも還元しきれない情報蓄積体で，有機的な存在なのである。そこに，企業が組織集団としての継続性を重んじる一つの理由がある。企業は，組織的な情報蓄積体なのである。[16]」

ただし，「組織的な情報蓄積体」としての「企業」は，同時に「組織集団」であるがゆえの，ある恒常的な課題に直面しているとされる。そもそも，「企業の内部組織」とは，「不均衡」と密接な「市場取引のコストを節約するために」存在する，として理論上に登場する。そこでは，まさしく「企業の内部組織」で働くすべての人々が，いわゆる「取引コスト（transaction cost）」の「節約」に積極的に携わる存在として描き出されている。しかし，現実の「企業の内部組織」において，Coase（1937）の指摘するような，「企業が存在する場合には，契約はなくなるのではないが，大幅に減少する[17]」，という

16　伊丹敬之・加護野忠男（2003）『ゼミナール経営学入門【第3版】』日本経済新聞社，3～4頁。

17　Coase, R. H., (1937), "The Nature of the Firm," *Economica*, Vol. 4, No. 16, p.391.（宮

想定は，必ずしも適切とはいえない。なぜならば，現実の問題として，「企業組織の規模の拡大」に伴う「組織内取引のコスト」の「増大」とは，恒常的に「企業の内部組織」において発生している，と考えられるからである。

　「…市場取引のコストが高くなると，企業にとってはそれに代替する手段を選択しようとする誘因がつまる。すなわち，市場取引のコストを節約するために，その取引にかかわる経済活動自体を企業の内部組織にとり込もうとする動きがあらわれる。つまり，市場にかえて組織が選択されることになる…（中略）…しかしながら，組織内取引には他方で種類の異なる取引のコストが発生する。すなわち，組織の内部で仕事をうまく連結することができない場合には，その組織は適切に機能することができず，取引を内部化することによってかえってコストが高まる場合もありうるであろう…（中略）…また，より重要なことは，いったん組織内部の仕事となると，その仕事は固定化し，それを維持・拡大してゆこうとする傾向が生まれる。そのため，陳腐化した生産方法や技術に固執するというようなことになる。環境の変化や新たな技術に適応することがむずかしくなる。企業組織として，ある部門の生産を縮小したり撤廃したりすることには大きな抵抗があり，このような面から組織内取引のコストは増大する。さらに，企業組織の規模が拡大してくると，各部門の官僚主義的な偏狭性は一層つよまり，それによってさらに組織内取引のコストを高めることになる。もちろん，このようなコストは企業のマネジメントがきわめてうまくいっている場合には発生しない。したがって，組織内取引のコストとは，言葉をかえていえばマネジメントのコストなのである。[18]」

増大する「市場取引のコスト」を「とり込もう」として，そもそも「企業」という「内部組織」が誕生したにもかかわらず，逆に「組織内取引」が新たなる「マネジメントのコスト」を生み出してしまう。それは，かつてWilliamson（1970）が，「規模が大きくなると企業が直面する問題」の中で論

沢健一・後藤晃・藤垣芳文訳『企業・市場・法』東洋経済新報社，1992年，44頁）

18　今井賢一・伊丹敬之・小池和男（1982）『内部組織の経済学』東洋経済新報社，58〜59頁。

じた，「統制上の損失（control loss）」とまったく同じものである。企業規模の拡大は，「最高経営者での調整問題を，より難しいものにする」だけでなく，「中間管理者層によって行われる情報の伝達と実施方向の形成の過程において，累積的に誤りが発生する」可能性をも飛躍的に高めてしまう[19]。あるいは，Krugman and Wells（2006）が引用した，『人月の神話（The Mythical Man-Month)』にあるエピソードのように，たとえ，「プログラマーの人数が増え」たとしても，そもそも「各プログラマーは自分の仕事と他のプログラマーの仕事とをすり合わせなくてはならない」ため，「この意思疎通に時間をとられてしま」い，「かえって反生産的になってしまう」といったケースが，職場のあちらこちらで頻出することも，十分に考えられ得る[20]。

　こうして，「企業組織の規模が拡大」すればするほど，さまざまな「コスト」の発生が不可避となり，さらにはそうした「コスト」が「生産関数を真に『効率的な技術的関係』たらしめる」ことを阻害し，理論上，達成可能とされる「生産性の向上」のレベルを引き下げてしまう，と考えられるのである。それは，せっかくの「新しい機会への機敏さ」による「市場データ」の「発見」にもかかわらず，それを「実用化」する段階，すなわち「企業」という「内部組織」に場を移した途端，「そこに働く人々」になんらかの負荷が発生したために，意思決定すべき作業が十全に行えないことと，結果としては，まったく同じである。これを，青木・伊丹（1985）は，「そこに働く人々の企業家精神を殺」している，と表現していたのではないだろうか。

　　「…企業の内部の生産活動や販売活動は，常に考えられうる最も効率
　　的な仕方で行われているとは限らない。むしろ，最大限の効率性が達成
　　されていないのがふつうであろう。働く人々のモチベーション，内部の

19　Williamson, O, E., (1970), *Corporate Control and Business Behavior: An inquiry into the effects of organization form on enterprise behavior*, Prentice-Hall, pp.24-25.（岡本康雄・高宮誠共訳『現代企業の組織革新と企業行動』丸善株式会社，1975年，31〜32頁）

20　Krugman, P. and Wells, R., (2006), *Economics*, Worth Publishers, pp.188-189.（大山道広・石橋孝次・塩澤修平・白井義昌・大東一郎・玉田康成・蓬田守弘訳『クルーグマン ミクロ経済学』東洋経済新報社，2007年，223頁）また，文中でに登場する書籍の詳細は，以下のとおり。Brooks, F. P., (1995), *The Mythical Man-Month: Essays on software engineering*, Anniversary edition with four new chapters, Addison-Wesley.（滝沢徹・牧野祐子・富澤昇訳『人月の神話』丸善出版，2014年）

コミュニケーションのロス，調整の不手際，さまざまな理由で非効率性が発生じうる…（中略）…したがって，一つの生産関数の背後には，企業の内部管理の構造が必ずある。生産関数を真に『効率的な技術的関係』たらしめるための内部管理構造の問題が隠れているのである[21]。」

つまり，企業家精神とは，「最大限の効率性が達成され」るように，企業本来の作業を十全に執り行おうとする，そうした何かのことである，と考えられるわけである。そして，そうした何かが，「内部管理構造の問題」によって「働く人々」から失われた「効率性」を，再び取り戻すことを可能とする，とも考えられるわけである。しかし，「企業組織の規模の拡大」に伴う「組織内取引のコスト」の増大によって，つまり「大企業」ほど，そうした何か，すなわち企業家精神が「殺」されていってしまう。このように，企業家精神について知るということは，まさしく「内部管理構造の問題」について知るということを意味しているわけであるが，こうした「内部非効率性（internal inefficiencies）[22]」に関する代表的な分析視角こそ，前出の Leibenstein の X-非効率性の研究にほかならない。

(2)「内部非効率性」としての「自由裁量」

(a)「不完全な雇用契約」に基づく「従業員」の「自由裁量」

Leibenstein（1987）の X-非効率性の研究においては，必ずしもイノベーションについての直接的な言及がなされているわけではないが，恒常的に非効率を内在化しているとする企業に，なんらかの「技術の変化」が発生したとするケースを想定したとしても，その研究内容に特段の変化が生まれることはない。Leibenstein にとってのイノベーションの達成も，「変化」した「技術的関係」を「真」に「効率的」なものとすることであり，たとえば，その過程において無駄に「費用」を発生させるなど，いわば，「費用」の「最小化」に失敗するならば，それはイノベーションの達成を意味しない，という理解で構わないことになる。つまり，イノベーションの成否とは，まずは「潜在的な需要を正しく掘り当て」ているかどうかの程度に左右され，たとえそれ

21　青木・伊丹（1985），前掲書，岩波書店，22頁。
22　Leibenstein,（1987），*op. cit.*, p.ⅷ.（邦訳，ⅷ頁）

がクリアされていたとしても，今度は「効率的な技術的関係」がどれだけ実現できているのか，すなわち「内部非効率性」をどれだけ抑え込めるかの程度に左右される，ということになる。着目すべきは，やはり，「内部非効率性」となる。

Leibenstein（1987）が，とくに注目した「内部非効率性」の一つに，「従業員」の「自由裁量（discretion）」がある（図表3-2参照）。

> 「人びとは従業員がみずからの努力水準に関して自由裁量を与えられているかぎり，よく定義された生産関数について述べることは不可能である。こうした自由裁量がどのように行使されうるかが，投入と産出とのあいだの関係を規定するのである…（中略）…従業員がその自由裁量的諸力を行使する方法は企業ごとに異なったものであるため，産出水準があらゆる企業にとって同一であると期待してはならないし，それゆえ若干の企業，通常は大半の企業は，その生産フロンティア上にはないであろう。[23]」

同様な指摘は，前出の「ビューロクラシーの逆機能」においても確認できる。たとえば，「ビューロクラシー」という「技術的能率」に優れた「組織」をもってしても，「集団の成員達」の行動とは，それが意識的であるにせよ無意識的であるにせよ，決して「費用の最小化」へと向かうことはない，と考えられている。そして，そのメカニズムは，「ビューロクラシーの構造」そのものを「源泉」としている，とされる。

> 「かかる不当な方針，態度は訓練された無能力のためであって，それが生じた源泉は明らかにビューロクラシーの構造にある。問題の過程を簡単に繰り返してみよう。（一）ビューロクラシーが効果を発揮するためには，反応の信頼性と規程の厳守が要求される。（二）かかる規則の厳守はやがて規則を絶対的なものにしてしまう。すなわち，規則はもはや一連の目的と関係なきものと考えられるようになる。（三）このため，一般的規則の立案者がはっきりと予想していなかったような特殊な条件の下では，臨機応変の処置がとれない。（四）かくして，一般に能率向上に資すべき筈のものが，特殊な場合にはかえって非能率を生み出すことになる。

---

23 *Ibid.*, pp.131-132.（邦訳，169頁）

図表3-2　内部非効率性の諸源泉

非効率性の個人的源泉	非効率性の組織的源泉
• 非最適な意思決定 • 努力のただ乗り • 最適以下の慣行にもとづいた行動 • 不十分に動機づけられた努力 • 手続き上の切れ目ないし障害を克服する能力の欠如 • 低い動機づけの下にある手続き制度に対応した行動	• 敵対的な関係 • 努力を惜しむという慣行 • 階層上の流れにある障害物 • 不適切な階層上の流れの諸関係 • 不適切な階層上の合意手続き • 手続き集合における切れ目や障害 • 広範囲にわたる集団の慣性領域 • 非効率的に整備された手続き • 努力慣行にあまりよく適合していない賃金および労働条件

出所：Leibenstein, H., (1987), *Inside the Firm: The inefficiencies of hierarchy*, Harvard University Press, pp.234 & 236.（鮎沢成男・村田稔監訳／芦澤成光・鮎沢成男・有賀祐二・高橋由明・袴田兆彦・日高克平・村田稔訳『企業の内側―階層性の経済学』中央大学出版部，1992年，291，293頁）

　ところが集団の成員達は，こういうことでは駄目だという自覚をめったにもったことがない。というのは，彼らはその規則が自分達にとってどういう『意味』をもっているかということばかりに拘っているからである。こうして，これらの規則はやがて厳に手段的なものというより，むしろその性質上象徴的なものとなってしまう。[24]」

　では，なにゆえに「ビューロクラシーの構造」は，企業組織を「生産フロンティア上」へと押し上げられないのであろうか。それは，「ビューロクラシーの構造」が，そもそも「集団の成員達」が生み出す「個人的関係や非合理的配慮（敵意，不安，感情のもつれなど）」の存在自体を念頭に置いていないからである，という。そして，こうした「ビューロクラシーの構造」に伏在する「内部的緊迫や緊張」こそ，「一般世間」が指摘する「ビューロクラシーの欠陥」の源泉である，と考えられている。

　　「ビューロクラシーの主な長所は技術的能率にあり，正確，迅速，巧み

24　Merton, (1957), *op. cit.*, p.254.（邦訳，184頁）

な統制，連続，慎重，投入に対する適量の効果などが重視される。その構造は，個人的関係や非合理的配慮（敵意，不安，感情のもつれなど）を完全に排除したものに近い…（中略）…ビューロクラシー組織の積極的な長所や機能が強調されて，かかる構造のもつ内部的緊迫や緊張は全く無視されたに近い。しかし，一般世間は明らかにビューロクラシーの欠陥を強調しているのである。[25]」

つまり，こうした「ビューロクラシーの欠陥」の原因とは，換言すれば，「組織の目標達成が阻害され」たとしても，「規則遵守の関心」を「第一」とする「自由裁量」を，実は「集団の成員達」が有している点に求めることを可能とする。こうした「集団の成員達」による「自由裁量」の認識の仕方について，Merton（1957）が「構造」に伏在する「内部的緊迫や緊張」という視点から，あくまで無意識的に「行使」されるものと位置づけたのに対し，Leibenstein（1987）は，「従業員がみずからの努力水準に関して自由裁量を与えられている」として，「不完全な雇用契約（incomplete employment contracts）[26]」という視点から，あくまで意識的に「行使」されるものと位置づけている点に，大きな違いが見られる。

2016年度のノーベル経済学賞を受賞したHart（1995）の代表的な研究の1つに，「企業の境界（boundaries of firms）」をめぐる議論がある。これは，「第1に，契約は不完備である。第2に，不完備であるがゆえに，事後的なパワーないしコントロール権の配分がものを言うことになる[27]」，という発想から，相手側の機会主義的行動をコントロールする必要性に迫られたときに，企業が自らの「境界」を書き換える，という内容であった。それは，「境界」という組織の「構造」の前提には，まさしく「契約」という「集団の成員達」への「パワーないしコントロール権」の問題が存在していることを，奇しくも強調するものであった。

「通常，雇用契約は不完全なものである。大抵の場合，賃金は明示さ

25　*Ibid.*, pp.250-251.（邦訳，180～181頁）

26　Leibenstein,（1987），*op. cit.*, p.129.（邦訳，165頁）

27　Hart, O.,（1995），*Firms, Contracts, and Financial Structure*, Oxford University Press, p.3.（鳥居昭夫訳『企業 契約 金融構造』慶應義塾大学出版会，2010年，5頁）

れているが，仕事の多くの側面や労働条件については明確にされていない。したがって，努力は個々の従業員による選択肢がある程度裁量に任されているひとつの変数である。結果として，従業員は自らの努力水準についての数多くの企業の契約内の決定に直面することになる。雇用契約はその職務の上で，企業構成員間の敵対的，協調的，あるいは中立的な関係によって部分的に補完されているのである。このような関係は仕事の過程で確立され，契約の一部になってゆくのである…（中略）…ある重要な意味で，契約は慣行や『コミットメントの決定』（commitment decisions）によって補完されている。それでもやはり継続的な仕事上の関係にもかかわらず，なんらかの契約上の欠陥や誤解は残されたままにされる可能性がある[28]。」

　Hart（1995）が指摘するように，我々人間は，そもそも「不完備な契約しか書けない[29]」とされる。だからこそ，「不完全な雇用契約」に基づいた「従業員」の「自由裁量」とは，企業という組織の「内部非効率性」を検討する際，真っ先に思い浮かべるべき視点であるともいえよう。

(b)　「不完全な雇用契約」に基づく「経営者」の「自由裁量」

　しかし，こうしたロジックに適合する対象は，決して「従業員」に限られない。当然，「従業員」だけでなく，同じく「不完全な雇用契約」に基づく「経営者」の「自由裁量」に着目した研究も，やはり存在している。たとえば，Williamson（1967）は，「費用選好（expense preference）」という概念を用いて，「経営者」が自らの「効用関数の最大化」に向けて，すなわち，自らの「自己利益」の実現に向けて，まさしく「自由裁量」を行使する可能性について指摘している（図表3-3参照）。

　　　「費用選好概念を用いるということは経営者がすべてのクラスの費用に
　　　対して中立的な態度をとるのではないことを意味している。彼らにとっ
　　　てある種の費用は否定し難い価値を持つことになる。すなわち，それら
　　　の費用の発生は，（もし発生するとしても）生産性に貢献しているからだ

28　*Ibid.,* pp.22-23.（邦訳，29頁）
29　*Ibid.,* p.2.（邦訳，3頁）

図表3-3　経営者の自己利益

■　給与（High salaries）
これには，手取りの給与だけでなく，ボーナスやストックオプションなどのあらゆる金銭的所得が含まれる。高い給与を望むのは，高い生活水準や高い地位を望んでいることを反映している。

■　配下の社員（Staff under their control）
これは，企業内の地位や権力の尺度としての，部下の質や数のことである（「私は社員を雇用したり解雇したりできる」といったタイプの経営哲学を反映している）。

■　自由裁量投資支出（Discretionary investment expenditure）
これは，企業の成功にとって本質的な投資ではなく，むしろその投資額を超えるあらゆる投資のことを指している。これには，企業の全般的な発展にとって不可欠であると言い訳されるような経営者肝いりのあらゆるプロジェクト（石油会社にとってのF1レースへの協賛など）が含まれる。経営者は，（たとえば，スポンサー社員とのゴルフコンペなどを通じて）個人的な興味や趣味を深めることができるかもしれない。経営者が自由裁量投資支出の権限をどの程度持っているかは，企業内における彼らの地位を表す1つの指標と見なすことができるだろう。

■　役得（Fringe benefits）
多額の交際費・豪華な家具で埋め尽くされたオフィス・立派な社用車・クラブ会員権などを手に入れたがる経営者もいるだろう。これらの役得は，組織内の「怠業」の表れ，すなわち，企業の費用を押し上げるだけの不要な支出かもしれない。

出所：Nellis, J. G. and Parker, D., (2006), *Principles of Business Economics*, 2nd ed., Prentice Hall, pp.218-219.（岩本明憲・小野晃憲監訳『ビジネス・エコノミクス原理』ピアソン・エデュケーション，2009年，259頁）

というだけではなくて，経営者の個人的目標や全体的目標を高める方法であるからである。伝統的な経済理論ではすべての費用を対称的に取り扱っている。つまり個人はすべてのタイプの費用に対して無差別である。費用選好はこうした無差別態度に代ってある種の費用に対して正の嗜好を持つことになる。だから費用に対して非対称的な態度をとることになる…（中略）…経営者はスタッフに正の費用選好を持っていると仮定できる…（中略）…スタッフの拡大は昇進への手段であるから，俸給と優越性を同時に高めるのに役立っている。さらに，スタッフは同様にして安全性や専門的能力目標の充足にも貢献している…（中略）…役得とい

う言葉はやや特別な意味で使用される。それは経営者の俸給や臨時収入のうちの裁量部分を示している…（中略）…それらは物質的満足の源泉であり，地位や名声に対する間接的源泉でもある…（中略）…スタッフや役得の拡大はたいてい物的設備の拡張に独立して生じるものではなく，（内部からの源泉であろうと外部からの源泉であろうと）この拡張資金の調達は企業の利益率に結びついているから，最少限度の容認可能な水準をこえる利潤が経営者にとって望まれるのももっともなことである。さらに，経営者は自己実現や組織での功績から満足を得ており，利潤はこうしたことが成功した事の１つの尺度となっている。かくして，こうしたことから企業の選好関数の中に利潤要素を導入することが歓迎されることになる…（中略）…つまり，スタッフ，役得，裁量利潤を主要要素として，報告利潤は最低必要利潤以上あるという制約条件のもとで効用関数を最大化するために企業は経営されていると仮定する。」[30]

　Williamson（1967）の指摘は，「製品市場の競争が厳しくなく，実質上，所有と支配が分離しているところでは，企業が利潤の最大化を求めて経営されると仮定することがどうしても必要な理由とはならなくなる[31]」ことをその含意としているが，これは「経営者裁量仮説[32]」と呼ばれ，「新古典派経済学の予測するような利潤最大化行動あるいは企業価値最大化行動[33]」に対するアンチテーゼとして，つとに有名である。

　　「…利潤極大化の仮説が，競争が激烈である場合の行動については正確な予測に導くことができるのに反して，競争条件が不十分な企業に対して，無批判にこの仮説を適用されるべきであるかは明らかではない。しかしながら，企業における所有利益が，企業活動を決定する際の支配的役割を果たしたと仮定することに妥当性があるかぎり，利潤極大化の仮説は，

30　Williamson, O. E., (1967), *The Economics of Discretionary Behavior: Managerial objectives in a theory of the firm*, Markham Publishing Company, pp.33-37.（井上薫訳『裁量的行動の経済学—企業理論における経営者目標』千倉書房，1982年，41〜43，45〜46頁）

31　*Ibid.*, p.55.（邦訳，65頁）

32　小田切（2010），前掲書，東洋経済新報社，103頁。

33　同上，322頁。

競争的必然性以外の根拠——すなわち自己利益追求の根拠に立って支持されうるだろう。しかし，現代における大企業の特徴である不在者所有の条件を考えると，この根拠もまた疑わしくなってくる…（中略）…激烈な競争状態は，経営幹部が企業活動を個人的目的に適合させることを不可能にするかもしれないが，このような競争条件がないと，経営者は彼ら自身の目標を追求することを許すことになろう。したがって，こうした情況において，利潤極大化のルールは，最小限の利益要求を満足した後で，さらに未拘束の資源を有する企業に必ずしも剰余資産を割り当てないであろう。[34]」

また，こうしたWilliamson（1963, 1967）の分析視角は，いわゆる「プリンシパル・エージェンシー（principal-agency）の問題」とも関連が深い。すなわち，同問題における，「現代企業は，真に株主によって所有され，かつ支配されるべきであるとしたら，経営者はいかに制御されうるであろうか[35]」，という問い掛けとは，裏を返せば，「経営者が，株主利益をも考慮しつつ，自らの効用を最大化するように意思決定する[36]」ことが，現実の企業にとっても，切実な問題であり続けてきたからにほかならない。それは，単に，「それほど格別の進取の意欲をみせずともただ無難に業務をとり行えばその地位を保つことができると判断するようになる[37]」，というレベルの問題ではなく，まさしく「経営者」自身が「非効率の源泉」となり，企業に直接的なダメージを与えることを意味する。そして，こうした「内部非効率性」への関心は，その表現方法は違えども，現在も企業理論・組織理論の研究における重要な分析視角として位置づけられている。たとえば，Besanko *et al.*（2000）では，「エージェンシー費用」として，Milgrom and Roberts（1992）では，「インフルエンス・コスト」として，それぞれ，この問題を取り上げている。

34　Williamson, O. E., (1963), "A Model of Rational Management Behavior," in Cyert, R. M. and March, J. G., *A Behavioral Theory of the Firm*, Prentice-Hall, pp.238-240.（O. E. ウイリアムソン「合理的経営者行動のモデル」松田武彦・井上恒夫訳『企業の行動理論』ダイヤモンド社，1967年，261～262頁）

35　青木・伊丹（1985），前掲書，岩波書店，163頁。

36　小田切（2010），前掲書，東洋経済新報社，102頁。

37　池本（2004），前掲書，八千代出版，105～106頁。

「マネジャーや従業員は，企業の収益性に関わるさまざまな意思決定を行う。たとえば，どのくらい一生懸命働くか，どのくらいイノベーションに投資するか，何人の従業員を雇うか，などである。一方で，時としてマネジャーと従業員は，意図的に企業の最大収益のために行動しないことがある。これを怠慢（slacking）と呼ぶ。エージェンシー費用（agency costs）とは，怠慢による，または怠慢をやめさせるための管理業務に関わるコストである…（中略）…エージェンシー費用には，人員余剰や，普通郵便で済むものを速達で送るような不必要な行為も含む。エージェンシー費用は企業の収益に影響するが，垂直統合された大企業の部門内で起こっているとトップマネジメントには気づかれないままになることもある。通常，大企業の一部門の成果は見えにくい。加えて，部門間をまたがる共通の人件費や共通の費用があると，トップマネジメントは各部門が会社全体の利益に対してどれだけ貢献しているかを測りにくくなる。部門の成果を測る難しさに加え，市場競争がないと，実現できる最大成果と比べて内部の成果がどの程度かを知ることですら難しい。このことが転じて，部門のマネジャーが会社の利益を損ねるような行為に向かわせる可能性がある…（中略）…たとえエージェンシー費用に気づいても，排除するより無視するほうが安くつく場合がある。たとえば，多くの企業は，退職間際の生産性の低い従業員を解雇して恨みを買おうとはしない。トップマネジメントが組織全体にわたってエージェンシー雇用を取り除こうとしないこと，それ自体がエージェンシー費用である。垂直統合企業が市場で固有の強みを持っているため競争から隔離され，トップマネジメントがエージェンシー費用を管理する圧力にさらされていない場合，とくにそのようなことがありがちである[38]。」

「組織による決定が，組織を構成するメンバーやグループに対する富その他の利益配分に影響を与えるときに，インフルエンス活動が組織内に生じる。そして，影響を受ける個人やグループは利己的な利益を追求するため，その決定が自分の利益となるよう画策する。これらのインフ

38　Besanko *et al.*,（2000），*op. cit.*, pp.122-123.（邦訳，131～132頁）

ルエンス活動によってもたらされる費用が，インフルエンス・コスト（influence costs）である…（中略）…多くの場合，より重要なのは，組織内の個人や単位が，非生産的な介入を求める利己的な理由があるために，資源を費やして意思決定者にインフルエンスしよう（影響を及ぼそう）とするかもしれない点である。画策が失敗したときでさえも，これらのインフルエンス活動に費やされた資源は見返りとなる利益のないコストになる。中央の意思決定者に対するインフルエンスが成功して，不適切な介入が行われる場合には，誤った決定が下され履行されるため，さらに余分のコストが発生する。最後に，もし組織がこのような可能性を認識して，インフルエンスの試みを抑制するために，組織構造，ガバナンス，政策，手続きなどを調整するならば，そのような変更がさらなるコストを意味する。これらすべてがインフルエンス・コストの要素となる。[39]」

伊藤・林田（1996）によれば，「取引主体の権限を集中させることによって価値を生み出し分配を実現させる取引メカニズム」を意味する「内部組織」とは，そもそも「情報が組織下部から上部へ流れる仕組みをフォーマルにつくり出して，組織上部での意思決定に情報が活用される可能性を高める」ことを期待されているものの，実は「インフルエンス・コストの主要な源泉」であり，また，「企業内においてインフルエンス活動を深刻な問題とさせる原因でもある」，と指摘している[40]。しかし，こうして確認される「内部非効率性」の存在こそが，企業家精神の"所在"と密接な関係を持っていることは，あまりにも皮肉である。たとえば，池本（2004）は，「市場メカニズムの機能不全（スラックの発生）を補う役割を担うのが，企業家なのである」として，「不均衡の相のもとにおいてしか企業家の役割は明らかにできない[41]」とするが，この論理は，そのまま企業家精神についても該当してしまう。なぜなら

39　Milgrom, P. and Roberts, J., (1992), *Economics, Organization and Management*, Prentice-Hall, pp.192-193.（奥野正寛・伊藤秀史・今井晴雄・西村理・山羊甫訳『組織の経済学』NTT出版，1997年，210～211頁）

40　伊藤秀史・林田修（1996）「企業の境界―分社化と権限委譲」伊藤秀史編『日本の企業システム』東京大学出版会，169頁。

41　池本（2004），前掲書，八千代出版，5頁。

ば，企業家精神の役割とは，「不完全市場に存在するギャップと障害[42]」を「発見」し，「企業の内部組織」からその「歪み（maladjustment）を修正すること[43]」，そのものだからである。

こうして，「ルーズな均衡（loose equilibrium）[44]」を「タイトな均衡（tight equilibrium）[45]」へと引き戻せたとき，たとえば，「従業員」や「経営者」の「自由裁量」という名の「内部非効率性」を，なんらかの企業努力をもって相殺し得たとき，ようやく我々は，企業家精神の"所在"を確認することが許されるのである。換言すれば，企業の「生産関数」を「真に『効率的な技術的関係』たらしめる」ことができたとき，そこには企業家精神が存在していたと考えることができる，ということでもある。そして，そうした「生産関数」を「つくり変えていく作業[46]」とたまたま重なったとき，すなわち，「技術の変化」を踏まえて「効率的な技術的関係」が成立したときに，初めてイノベーションと企業家精神の"顔合わせ"も実現したことになる。

つまり，企業家精神とは，イノベーションを実現する，特別な個人的資質を指す言葉でもなく，またイノベーションを説明するためだけに，特別に用意された言葉でもない，ということである。

3-4「企業家精神」の定義とその課題： 息を吹き返すSchumpeter体系

(1)「企業の行動心理」という新視点

十川（1991）には，次のような一文がある。

「意思決定をなす必要に迫られた人物がその不確実性に対処して果敢に行動しうることができれば，その人物は企業家的であるといえる。この

42　Leibenstein, (1987), *op. cit.*, p.125.（邦訳，160頁）

43　Kirzner, I. M., (2001), *Ludwig von Mises: the man and his economics*, ISI Books, p.97.（尾近裕幸訳『ルートヴィヒ・フォン・ミーゼス―生涯とその思想』春秋社，2013年，113頁）

44　Leibenstein, (1987), *op. cit.*, p.117.（邦訳，150頁）

45　*Ibid.*, p.116.（邦訳，150頁）

46　青木・伊丹（1985），前掲書，岩波書店，22頁。

意味において企業家精神とはあらゆる経営層の人びとにも適用できる概念であるといってもよいであろう。企業内企業家とはといったような表現が生まれたのもこのような意味からといえる。」[47]

これまでの考察から，企業家精神とは，企業で働くすべての「人びと」，すなわち，「普通の人間[48]」が持つとされる，組織内部の非効率を相殺する何か，であることを確認した。そして，こうした分析視角は，次のような理論的解釈を可能とする。すなわち，企業規模の拡大と「内部非効率性」の発生との間には相関があり，ここから大企業ほど，組織内取引コストの解消に向けた，まさしく，企業家精神の発揮が期待される，というものである。しかし，それは，決して容易な作業ではないようである。たとえば，Gneezy and List（2013）は，そうした大企業における企業家精神の発揮を，「実地実験（experiment）」という言葉に置き換え，その「実行」の重要性とともに困難さを，やはり強調しているからである。

「それで，企業はどうしてもっと実験をやらないんだろう？会社にはいろいろ壁があって，実験を実行するのが難しいのだ…（中略）…そんな壁の1つは，力を持った人たちには自分のパワーポイントにしがみついている向きがいることだ。彼らは小者の連中に王様は裸だとか，自分なら王国をそんなふうに支配しないですとかなんて言われたくないのである。組織はなかなか動かないから，というのも障害になる…（中略）…それ以外にも，管理職は変化に伴う不確実性や未知の事柄に腰が引けたりすることもある。新しいことを始めず，これまでのやり方をなぞっていれば，慣れもあるし，うまくいっている間は，その方が安全な気もする…（中略）…また管理職は，会社の業績を高めるために解決策を提供し，難しい判断を下すのが仕事だと思っている。つまり，会社が直面する課題に対して，自分は最初から答えをもっていないといけない，そう思っているのだ。実験なんてやらかせば，自分はわかってないですっ

47　十川広国（1991）『企業家精神と経営戦略』森山書店，116頁。ただし，同書には，「企業家精神を真に発揮する立場にいる人物はトップ・マネジメントである」，との一文も添えられている。同上，116頁。

48　Leibenstein, (1987), *op. cit.*, p.118.（邦訳，152頁）

て言いふらすようなものだし，自分が持っているはずのノウハウに傷が
つくかもしれない——それじゃ仕事ができてないみたいに見えるじゃな
いか，そういうことだ。そういう壁を乗り越える道は2つある。トップ
ダウンとボトムアップだ。まず，会社の経営陣は，よくある『目先の利
益を上げろ，話はそれからだ』という脳みそのあり方を変えて…（中略）
…会社の業績を改善する実験を奨励し（それこそ報い）ないといけない。
このやり方をするなら，実験を計画して実行し，データを分析し，結論
を引き出せるよう，人を雇い，訓練しないといけない。次にボトムアッ
プのやり方なら，組織のもっと下位の人たちが小規模の実地調査を行っ
て結果を管理職に報告し，管理職の人たちに実験を行うことに伴うコス
トとメリットをわからせないといけない…（中略）…すでに用いられて
いる——正しいとは限らない——思考のあり方を変えるのは簡単ではな
い。なんにせよ，恐れを知らないリーダーシップと訓練，そして実地で
の経験がないと実験の文化を根づかせることはできない。でも成功すれ
ば，会社は全体の地図を書き換えられる…（中略）…実地実験をやって
いる企業は大小含めてちゃんとあり，彼らは利益を上げ，お客を呼べて
いる…（中略）…企業の皆さんにとっての結論はこうだ。もっと儲けた
いですか？　答えがYesなら，実地実験をやりましょうよ。『グレイト』な
会社に名を連ねたいですか？　なら，ぜひ実地実験を。[49]」

　ここに描かれた「会社」や「組織」の実態は，やはり，大企業を想定したも
のとなっている。では，小企業の場合は，どうであろうか。たしかに，非効
率の発生度合いは低いと考えられるものの，大企業に比して経営資源に乏し
い小企業ほど，逆に組織外取引コストの負担増に直面せざるを得ないであろ
う（たとえば，運転資金の調達など）。つまり，技術的にも資金的にも，上記
のような「実地実験」を「実行」するだけの"余剰"が，そもそも小企業に
は絶対的に不足している，と考えられるわけである。いずれにせよ，企業規
模を問わず，なんらかの負荷が組織内部における足枷となり，変化技術によ

49　Gneezy, U. and List, J. A., (2013), *The Why Axis: Hidden motives and the undiscov-
　　ered economics of everyday life*, PublicAffairs, pp.237-239.（望月衛訳『その問題，経済学
　　で解決できます』東洋経済新報社，2014年，345～348頁）

る生産拡大の機会を最大限に利用できずに終わるケース，すなわち，イノベーションに失敗するケースは，やはり，現実には数多く存在することになる。だからといって，とくに大企業で働く人々が非効率の解消，すなわち，企業家精神の発揮に熱心に取り組むかといえば，そうとは言い切れないという現実が，この問題を複雑なものとしている。それは，組織構成員一人ひとりに，「自由裁量」が与えられていること以外にも，次のような可能性を指摘できるからである。

> 「…実際の会社は底辺の水平的集団，中間に向けての部分的な垂直的集団，影響力を獲得するために闘争をしている多様な経営者の派閥，および 一般的にいえば，全体としての組織とは反対の目的で機能している種々の集団，これら諸集団のモザイクであるとおもわれる。通常の場合，十分な協力と統制があり，その結果，階層性にもとづく非効率の源泉があるにもかかわらず企業は何とかして市場で生き残るのである。結局，企業の存続は，非効率性のある絶対的水準に依存するのではなくて，競争している企業の内部非効率の相対的な程度および企業が獲得している競争からの防御の程度に依存しているのである。[50]」

　大企業で働く人々にとって，企業家精神の発揮とは，決して容易なことではない。しかし，それは，非効率の解消に前向きであるにもかかわらず，そうした働く人々の意欲が減退させられてしまった結果によるものばかりとは限らない。つまり，組織内に蔓延る「内部非効率性」の存在が認められるとしても，それによって当該企業の「存続」が即座に危ぶまれるレベルではない（たとえば，競合他社と比べて「内部非効率性」の「相対的な程度」が上回っていない）と分かれば，そこで働く人々は，わざわざ自らに負荷のかかる行為，すなわち，企業家精神の発揮に積極的には決してならないであろう。
　そもそも，「内部非効率性」を完全に排除することは不可能であり，だからこそ，企業家精神が不足していたとしても，また，そのことが原因でイノベーション機会を逸したとしても，その「相対的な程度」によっては，現実に企業が「市場で生き残る」可能性も残されている，と考えることができる。

50　Leibenstein, (1987), *op. cit.*, pp.175-176.（邦訳，219頁）

そして，そうした企業の内部組織で働く人々にとって，「不完全市場に存在するギャップと障害」を「発見」し，その「歪みを修正すること」は，緊急を要する作業に見えないか，あるいは，そうした作業の存在自体を認知できていない，とも考えられるのである。しかし，そうした「相対的な程度」の受け止め方は，組織内の職位や役職，社会的立場などによって，異なりを見せる場合もある。たとえば，馬場（2010）は，「企業の心理的な要因」，なかでも「経営者」の「参照点」の受け止め方に着目し，次のような「仮説」の存在を指摘している。

　　「技術革新に関する企業の意思決定については，組織や人員，資金の余裕を持つ独占的あるいは大規模な企業ほど積極的であるという見方がある一方で，リスク選好に関する行動経済学の手法を用いた分析のように，参照点など企業の心理的な要因がその意思決定に影響を及ぼすという点に注目する見方もある。例えば，実際の企業の業績が経営者の想定した参照点を下回る場合と上回る場合とでは，前者においてはよりリスクが高い選択肢が選好され，後者においてはよりリスク回避的な選択肢が好まれる結果，業績が好ましくないと考える企業ほど企業の選択肢の中ではリスクが高いとされる技術革新活動に積極的になるという仮説がある。これは意思決定への心理的な要素の関与による企業活動の合理性からの逸脱であると考えることができる。[51]」

　ここでの「参照点」とは，「人々の意思決定に際して参考とされる経済状態とはその絶対水準ではなく，意思決定はそれとは別に主体が価値評価の基準として設定した参照点に依存するという仮説[52]」，に基づいた概念であるが，こうした視点からイノベーションを解釈しようとした研究として，馬場（2010）は，Greve（2003）に注目する。

　　「…技術革新に関する企業の意思決定の過程はその企業の経営上のパフォーマンスに左右されるが，高パフォーマンスな場合ほど内部に経営資源のスラックを抱え，これがより豊富な原資となって革新が促されや

51　馬場正弘（2010）「企業の経営環境と技術革新」千田亮吉・塚原康博・山本昌弘編著『行動経済学の理論と実証』勁草書房，255頁。

52　同上，257頁。

すいという効果が考えられる一方で，反対に低パフォーマンスな場合ほど，そのリスク受け入れの傾向は大きくなるとも考えられる。さらに後者の場合，企業は『歴史的願望水準（historical aspiration level）』を形成する自身の願望水準との比較および『社会的願望水準（social aspiration level）』を形成する他企業の水準との比較をすることで意思決定を行うという仮説が立てられる。社会的願望水準とは他の企業のパフォーマンスの平均であり，当該企業以外の総資本利益率の平均値として計算できる。また歴史的願望水準は当該企業の前期の歴史的願望水準と前期の実際の業績の合成である。Greve（2003）はこの２つの水準を合成した指標を，その企業の参照点を形成するものとして定義し，企業の技術革新活動については企業の合理性に基づく説明よりも企業の行動心理を考慮した説明のほうが妥当性が高いという可能性を検証した。[53]」

つまり，Greve（2003）では，「企業の技術革新活動」を考える際，シュンペーター仮説のような「企業の合理性に基づく説明」よりも，むしろ「経営者」の「参照点」といった，「企業の行動心理を考慮した説明」の方が，より「妥当性が高い」，と結論づけているわけであるが，ここから同研究は，「経営者」による企業家精神の発揮のケースが，その他の組織構成員によるそれとは異なる可能性について，別の角度から論じた研究である，として把握し直すこともできるように思われる。これに対し，Leibenstein（1987）は，企業家精神を発揮する主体について，これまで通り，次のような「ふつうの人びと（ordinary individuals）」を想定している。

　　「企業家精神を，必要に応じてなんらかの訓練を受け，分別をもって資源への接近を行うふつうの人びとによって実行することが可能な活動の束であると想定せよ。[54]」

また，そうした「人びと」に対しては，「並はずれてすぐれた才能をもたない（non-super-talented）」，といった形容詞が付けられることもある。しかし，そうした「人びと」の中にこそ，Leibenstein（1987）は，企業家精神の"所在"を見出し得るとしている。

53　同上，263頁。
54　Leibenstein, (1987), *op. cit.*, p.122.（邦訳，156頁）

「…われわれは，相対的に費用の上で非効率的な企業に存在の余地を与えている相対的にルーズな慣性領域の均衡状況において企業家が革新を導入するものとみなす。したがって，たいがい，並はずれてすぐれた才能をもたない企業家のタイプについても，経済内部に存在する諸産業に参入する場合を明示することができる…（中略）…企業家精神をミクロ経済学の中にうまく組み入れることの必要性が存在することは明らかである。しかし，その行く手には，二つの難題が立ちはだかっている。すなわち，企業家を賛美する傾向と，企業が最小費用で生産し，かつ価格が最小費用に等しいとするタイトな均衡を用いること，の二つである。われわれがここで示唆したことは，X-効率理論におけるルーズな慣性領域の均衡を利用することが，われわれに，平均的能力を有する企業家がなぜさまざまな産業に参入し，成功する希望を抱いているかを理解させることを可能にする。もしも既存の企業が費用を最小化していないとすれば，その場合新規事業が，並はずれた技能をもたなくても，有効に競争しようという十分な動機をもった人びとによって着手される可能性がある。もちろん，平均以上の技能を有する人びとは，より大きな成功の見込みをもつであろう。」[55]

では，Leibenstein（1987）の想定する，「ふつうの人びと」の「参照点」と，Greve（2003）の想定する「経営者」のそれとは，いったいどのような違いがあると考えられるであろうか。

(2)「企業家精神」の定義化を阻むもの

Leibenstein（1987）には，次のような一文がある。

「ふつうの個人は，ミクロ経済学でいうタイトな均衡，すなわち，その状況下では企業は注意ぶかく計算し，費用の最小化をはかる経営者ないし企業家によって管理されているような均衡を克服することのむずかしさを知るだろう。ある確立している産業に参入するために新たに企業を設立することは，もし既存の企業が最小生産費用に等しい製品価格で首

55　*Ibid.*, pp.125-126.（邦訳，160～161頁）

尾よく操業している場合には，きわめて恐ろしいことになる。企業家が
期待できる最良のことは，彼が既存の企業と同様の行動をとることであ
って，それを上回ることはないであろうということである。もし彼がわ
ずかでもこの基準にみたない場合には，彼は損失をこうむり，あげくの
はてには破産するであろう。[56]」

　つまり，Leibenstein（1987）の想定する「ふつうの人びと」の「参照点」
（＝「価値評価の基準」）とは，要するに，企業そのものが「損失をこうむり，
あげくのはてには破産する」状態に陥るかどうかの「境界（bounds）[57]」の
意とされ，その「境界」を「上回る場合」には，「ふつうの人びと」も「あ
らゆる利益獲得の機会を積極的には追及[58]」し始めると考えられるのに対し，
Greve（2003）の想定する「経営者」の「参照点」とは，「実際の企業の業績」
と「自身の願望水準」＋「他企業の水準」の「比較」から，「相対的」に形成さ
れる「基準」の意とされ，その「基準」を「上回る場合」であっても，逆に
「下回る場合」であっても，実はどちらの「場合」にも「技術革新活動に積極
的になる」と考えられる，というものである。そして，ここから，「経営者」
が「技術革新活動に積極的になる」ことは，それほど困難を伴う作業ではな
い，との結論が導き出されるのである。

　しかし，Greve（2003）のケースにおける，こうした「経営者」の「行動
心理」の議論が，その先にあるイノベーションの達成，すなわち，企業家精
神の発揮へと，果たして理論的に整合するかどうかについては，さらなる検
討が必要となる。たとえば，Greve（2003）では，Cyert and March（1963）
の「スラック（slack）」概念を用いて，「成功」（＝「高パフォーマンス」）が
それを「貯える」とし，「欠乏時には承認されなかったような革新のための資
金源」となってイノベーションを促す，と指摘する。

　　「…スラックとは，組織を維持するのに必要なペイメントと，連合体に
　　よって環境から得た資源との間の差のことである。一般に，成功はスラ
　　ックを貯える傾向をもたらす。スラックが有する主要帰結の一つは，欠

56　*Ibid.,* p.122.（邦訳，156頁）

57　*Ibid.,* p.122.（邦訳，158頁）

58　*Ibid.,* pp.122-123.（邦訳，158頁）

第3章　現代企業における企業家精神の所在：「内部非効率性」を相殺する何か　105

乏という問題を消し去ることにほかならない。下位部門の要求に対してあまり厳格な検討が加えられることはなくなる（というのは，その要求が他の要求と衝突する公算が小となるからである）。資源は，ある下位部門がそれを執拗に求めさえすれば，そこに配分される可能性が大きい。このようにして，配分されたスラックは，緊縮予算時には必ずしも承認されなかったであろうと思われるプロジェクトにとっても利用することが可能となる。また，組織がある行為手段を受け入れるための規準が，大いに，伝統的手続や歴史的な経験から得られた法則によって左右されるものであることを，前に論じた。したがって，一般に，予算にゆとりがなければないほど，支出が保守的なルールによって支配されやすくなる。スラックは欠乏時には承認されなかったような革新のための資金源を，下位部門が強くその革新を押し出しさえすれば提供するものである。[59]」

　また，Greve（2003）では，同じく Cyert and March（1963）の「探索（search）」概念を用いて，逆に「失敗」（＝「低パフォーマンス」）が上位部門（＝「経営者」）を一転して「問題志向的」にさせ，その「問題」の「解決」に向けて「探索」が続けられる，とも指摘する。この場合の「探索」の具体的な中身とは，やはり，「技術革新活動に積極的になる」こと，にほかならない。

　　「…企業内の探索は，問題志向的（problem-oriented）である。組織がその一つ，もしくはそれ以上の目標を満足することができなかったり，あるいはそのような失敗がごく近い将来に予測できる場合に，問題が認知される。そして，問題が，解決されないかぎり，探索は続くであろう。目標を満足するような選択対象を発見するか，利用できる選択対象が許容水準に達するようになるまでその目標を修正するか，のいずれかによって問題は解決される。また，解決は，問題を探索するために動機づけされる場合もある。[60]」

　そして，Greve（2003）によれば，それぞれの「参照点」に直面した「経

59　Cyert, R. M. and March, J. G., (1963), *A Behavioral Theory of the Firm*, Prentice-Hall, pp.278-279.（松田武彦・井上恒夫訳『企業の行動理論』ダイヤモンド社，1967年，316頁）
60　*Ibid.*, p.121.（邦訳，177頁）

営者」は，「技術革新活動」の「意思決定」に際して，次のような「心理的な要素の関与」を伴うことになるため，結果的に「企業活動の合理性」から「逸脱」する，としている。

「経営者は自身の願望水準以下の業績を損失状況とみなし，その状況を改善するためにリスクを冒すことをためらわなくなるために，低パフォーマンスは経営者のリスクに対する許容範囲を広げてしまう…（中略）…このように，意思決定とは，問題や解決策，そしてその解決策が意思決定者に受け入れられるリスク許容の範囲，それぞれの利用可能性に基づいて行われているのである…（中略）…もし複数の解決策が存在するならば，経営者は一つ以上，あるいはそこからいくつか選択して採用するかもしれない。リスクの許容度は，複数の解決策を採用する能力と，利用可能な候補の中からの解決策の選択，それぞれに影響を与えている…（中略）…つまり，イノベーションの頻度とは，研究開発といった一連のプロセスからもたらされるイノベーションとともに，経営者がイノベーションといったリスクの高い解決策を求めていること，その両方に影響を受けているのである。[61]」

つまり，Greve（2003）の「モデル」が明らかにしているのは，結局のところ，イノベーションのインプット（たとえば，「プロジェクト」に投入される「予算」など）の多寡が，「経営者」の「心理的な要素の関与」によって少なからず影響を受けるという可能性について，である。企業家精神については，何も語ってはいない，のである。たしかに，この場合の「経営者」は，「実地実験」を率先して行っており，その点では企業家精神を発揮している，と考えることもできる。しかし，決定的に異なるのは，Greve（2003）の描き出した「経営者」の目的が，「不完全市場に存在するギャップと障害」を「発見」し，その「歪みを修正すること」ではなく，あくまで自身にとっての私的な「均衡」の達成でしかない，という点である。ところが，この問題は，こうした「経営者」の「行動心理」も，「限定された合理性をもつ経

---

61 Greve, H. R., (2003), "A Behavioral Theory of R&D Expenditures and Innovations: Evidence from shipbuilding," *Academy of Management Journal*, Vol. 46, No. 6, p.687.

営人が用いる意思決定メカニズム[62]」，という観点からすれば，結局のところ，唯一無比の「現実的な選択肢」，ということになってしまう。

　「経営人は，最大化をはかるよりも満足化をはかるので，全てのありうる行動の代替的選択肢を最初に調べずに，また，それらが本当に全ての代替的選択肢であるのか確かめることなしに，選択できる。世界をずっと空疎に扱い，全てのことがらの間の相互関連性は無視するので（そうして思考と行動を麻痺させて），思考の容量に対して不可能な要求をしない比較的単純な経験則で決定することができる。単純化は誤りを導くかもしれないが，人間の知識および推論の制約に直面すれば他の現実的な選択肢はない[63]。」

　この場合の「経営者」が，「満足化する—満足できる，もしくは『まあまあ』の行為のコースを探す[64]」ことを目的として，独自の「参照点」にもとづく「意思決定」を行ったとしても，それでは，Simon（1997）によって，「経済人（economic man）」ではなく，まさしく，「限定された合理性（bounded rationality）」を有した「経営人（administrator）」に分類される我々人類一般にとっては，「他の現実的な選択肢はない」，というのが真実かつ実状である[65]。つまり，この場合でいえば，Greve（2003）において描き出された「モデル」もまた，十分に企業家精神の発揮に該当する，ということになってしまうのである。そして，そのことは，「心理的な要素の関与」から逃れる機会を逸した企業家精神の“定義”にとって，かつての，「少数の個人しかもたないような資質」に基づいた「衝動」といった解釈までも，もはや，無批判に受け入れざるを得なくなることを意味している。

　「イノベーションを促す社内の仕組みは，いろいろな要因に分類することができる…（中略）…革新的な仕事を促すためによい条件を提示したと

62　Simon, H. A., (1997), *Administrative Behavior: A study of decision-making processes in administrative organizations*, 4th ed., The Free Press, p.119.（二村敏子・桑田耕太郎・高尾義明・西脇暢子・高柳美香訳『［新版］経営行動—経営組織における意思決定過程の研究』ダイヤモンド社，2009年，186頁）

63　*Ibid.*, p.119.（邦訳，185〜186頁）

64　*Ibid.*, p.119.（邦訳，185頁）

65　*Ibid.*, p.119.（邦訳，185〜186頁）

しても，その効果を科学的に測ることは難しい。また，革新的な発明に
つながるアイデアや努力をするような責任を付与することも難しい。結
局企業は，1年間に市場に出した新製品の数など，測定しやすい尺度を
もとにして報酬制度を決めるであろう。しかしこのことによって，リス
クは高いが長期的により多くの利益をもたらす新しい活動ではなく，短
期にできるが利益の少ない活動（たとえば，既存商品の改良）にイノベ
ーションの努力を向ける過ちにつながるかもしれない。[66]」

　たとえば，こうした「企業活動の合理性」ゆえのイノベーション停滞の現
状も，Schumpeterの企業家精神観であれば，たしかに，打破できるかもしれ
ない。「不完全市場に存在するギャップと障害」を「発見」し，その「歪みを
修正すること」を必ずしも目的とはせず，そうした「内部非効率性」の議論
とは別の次元で「生産性の向上」が達成されてしまう可能性を排除できない
まま，あえて企業家精神の定義づけを行うとするならば，もはや残された道
は，「イノベーション研究の"父"（the "father" of innovation studies）[67]」に
再登場を請うほかはない。こうして，またぞろ，Schumpeterの企業家精神
観が，その姿を現し始めることになるのである。

　「シュンペーターは，企業家機能をイノベーションの遂行のみに限定し，
それ以外の仕事をする人たちを企業家とは呼ばなかったが，これは『純
粋化』されているだけにあまりにも狭い見解である。カーズナーが描い
たような，不均衡のなかで『諸機会に対して機敏』に行動するような企
業家がいてもおかしくない。シュンペーターの企業家が『均衡破壊』の
役割を演じる一方で，破壊された均衡の中から諸機会に対して機敏に反
応し，『均衡回復』の役割を演じるようなカーズナーの企業家にも活躍
の余地はある。ただ，『動態』の定義に関しては，私はやはり企業家に
よるイノベーションの遂行によって始動するというシュンペーターの見
解を支持したい。カーズナーは，イノベーション以外の価格競争や非価
格競争なども彼の意味での企業家が活躍する余地があれば『動態的』で

66　Besanko *et al.*,（2000），*op. cit.*, p.124.（邦訳，133頁）

67　Godin, B.,（2008），"In the Shadow of Schumpeter: W. Rupert Maclaurin and the
study of technological innovation," *Minerva*, Vol. 46, No. 3, p. 343.

あると考えているが，このような用語法は誤解を招きやすい。企業家にも『受動型』と『創造型』があると捉えれば，カーズナーの企業家は前者に，シュンペーターの企業家は後者に分類されることになる。実際の企業経営にも『守り』と『攻め』の二つの行動パターンがあり得るので，このような分類も不自然ではないだろう。『守り』というから重要ではないわけではなく，いつか『攻め』に転じるときの準備作業は必ず必要なので，両者の役割は違っても『企業家』という言葉を使ってもよいと思う。シュンペーターの定義に従うと，『受動型』あるいは「守り」の企業家はあり得ず，単なる『業主』に過ぎないとなるが，それでは現実の世界ではほとんど企業家はいなくなるという浮世離れした話になりかねない。[68]」

　企業家精神の“定義”をめぐる議論は，こうしてまた，振り出しに戻るのである。

3-5 小括

　本章では，イノベーションと不可分な企業家精神という存在について，その現代的理解を明らかにすべく，いわゆる，定義化に関する諸議論とともに検討を進めてきた。

　まず，青木・伊丹（1985）による指摘をもとに，イノベーションに適するとされる「小規模な独立組織」の有効性について検討を行った。ただし，ここでの議論とは，あくまで，「大規模な主流組織」にとっての「組織管理上の工夫」に主眼を置いたものであり，「イノベーションへのインセンティブ」の議論が示すように，「企業規模」という分析視角からは，十分に企業家精神の“所在”を明らかにすることはできない，ということを確認するにとどまった。しかし，その“所在”そのものは，「企業規模」を問わず，企業で働くすべての人々に求めることが可能であることもまた，確認するに至っている。

　では，「企業規模」ではなく，今度は，企業組織そのものに企業家精神の

68　根井雅弘（2016）『企業家精神とは何か―シュンペーターを超えて』平凡社，151～152頁。

"所在"を求めようとするならば，必然的にその視線は，組織内部へと注がれることになる。ここでも，青木・伊丹（1985）による指摘，すなわち，「大企業につきもののきっちりとした管理組織，とくに官僚制組織はそこに働く人々の企業家精神を殺す傾向がある」との一文を根拠とし，企業家精神を組織内部の非効率を相殺する何か，と位置づけることで，これに関連するKirzner（1973）やLeibenstein（1987）らの諸議論とともに，その一般理論化の可能性を検討した。この解釈によれば，企業家精神とは，企業の「生産関数」を「真に『効率的な技術的関係』たらしめる」存在とされ，これは，前章でのイノベーションの現代的理解とも整合的である。

　しかし，企業家精神の"所在"を，こうした「歪みを修正すること」に求めるということは，たとえば，イノベーションの達成事実の中に，常に企業家精神の発揮を認める，ということを意味する。試行錯誤を繰り返しての「実地実験」の末に，ようやく手に入れた成功ではなくとも，つまりは「失敗に学んで調整する」といった「プロセス」がまったく無視されていたとしても[69]，「経営者」の「主観的認識」に基づく「意思決定」によって，時として大きな成功を収める企業は，現実に存在している。よって，そうしたケースに対しても，当然，当該企業の中に企業家精神の"所在"を見出さざるを得なくなってしまう，ということになる。「不均衡の相」とはまったく無縁の，まさしく，傍目には，なんらかの「衝動」に駆られたとしか見えない，そうした「経営者」に端を発した企業行動にもかかわらず，である。

　たしかに，本章の提示する「内部非効率性」の相殺という視点も，企業家精神なるものを厳密に描き出すためには，企業組織に働くすべての人々に対して，「『現実世界』の全ての複雑性に対処して」おり，「彼の利用できる全ての選択肢のなかから最善の選択肢を選ぶ」とする，まさしく，「経済人」としての役割を求めてしまうことを意味する[70]。しかしながら，「経済理論が想定するほどには，人間も組織も合理的ではない」[71]ことは，もはや，自明で

69　今井賢一（2008）『創造的破壊とは何か―日本産業の再挑戦』東洋経済新報社，31頁。
70　Simon, (1997), *op. cit.*, p.119.（邦訳，185頁）
71　細田衛士（2012）『グッズとバッズの経済学―循環型社会の基本原理【第2版】』東洋経済新報社，164頁。

ある。その意味では，「経営人」としての「行動心理」を前提としたGreve（2003）のモデルこそ，企業家精神の本質的理解にとっては，むしろ，有効であるともいえる。ところが，話は，そう単純ではない。というのもGreve（2003）のモデルを採用した途端，その代償として，一旦は距離を置いたはずのSchumpeterの世界観を，再びこの議論の俎上に載せることを余儀なくされ，結果的に企業家精神の理論的探求も，再びスタート地点へと引きずり戻されることになってしまうからである。これは，まさしく，ジレンマである。

　いずれにせよ，企業家精神の本質的理解にとって，「内部非効率性」という視座が不可欠な存在であることは，もはや，動かし難い事実であるように思われる。しかし，イノベーションや企業家精神といった狭義の観点からではなく，企業の戦略や組織といった広義の観点から，改めて「内部非効率性」について検討しようとしても，そもそもそうした視座自体が存在していないことに気付かされる。次章以降では，こうした「内部非効率性」という視座について，より多面的な角度から，その詳細について検討を行うこととしたい。

第4章

現代企業の戦略理論と内部非効率性：
「競争戦略論」における2つの誤謬

4-1 問題の所在

「競争戦略論（competitive strategy）」なる，新たな研究分野が世に登場して久しい。それは，経営戦略論（strategic management）の一領域として認識される機会が多いものの，「『儲かる企業と，儲からない企業がいる』という現象を，今まで以上に深く理解すること[1]」，を目的としている点では，同一ともいえる。最近では，「戦略（strategy）」の「打ち手の時間的展開に注目[2]」した研究なるものも登場するなど，「競争戦略論」の世界観は，さらなる広がりを見せている。こうした背景には，伝統的な経済学が設定した「新古典派企業（neo-classical firm）」へのアンチテーゼとして，「競争戦略論」の描くリアルな企業観への支持，が指摘できよう。代表的な研究としては，やはり，Porterの一連の著作や論文が挙げられるが，なかでも，1996年にHarvard Business Review誌に掲載された"What Is Strategy?"（邦題：「戦略の本質」）は，とくにPorterの戦略観が簡潔にまとめられており，興味深い[3]。

本章では，このPorter（1996）を手掛かりとして，「競争戦略論」における「業務効果（operational effectiveness）」の位置づけについて，再検討を行う。すなわち，「競争優位（competitive advantage）」としての「業務効果」について，新たに内部非効率性の視点を組み込むことによって，Porterを中心と

---

1 青島矢一・加藤俊彦（2003）『競争戦略論』東洋経済新報社，15頁。
2 楠木建（2010）『ストーリーとしての競争戦略―優れた戦略の条件』東洋経済新報社，41頁。
3 Porter, M. E., (1996), "What Is Strategy?," *Harvard Business Review*, November-December, pp.61-78.（編集部訳「［新訳］戦略の本質」『DIAMOND ハーバード・ビジネス・レビュー』第36巻第6号（通巻273号），ダイヤモンド社，2011年，60～89頁）

113

する「競争戦略論」の理論的限界の一端を明らかにしようというのが，本章の狙いである。現代企業の戦略理論の筆頭に挙げられ，また，これまで以上に実践的と謳われてきた「競争戦略論」の議論においてさえも，内部非効率性という理論視座の欠如によって，さまざまな矛盾が生まれる結果を引き起こしているのが現状である。それは，翻って考えれば，現代企業分析における内部非効率性概念の重要性を示す，まさしく証左であるともいえなくはない。

4-2 「業務効果」の本質：
「勝者のいないレース」へと誘う「元凶」

(1)「業務効果」とは何か

Porter（1996）は，「戦略は業務改善ではない[4]」，と断じている。つまりは，「戦略は業務効果ではない」，ということである。

では，「業務効果」とは何か。

　「業務効果とは，類似の活動を競合他社より優れて実行することである。また，業務効果には，むろん業務効率が含まれるが，これだけではない。たとえば製品の欠陥を減らす，より優れた製品をより速く開発するなど，インプット（投入物）を有効活用する活動を意味する。対照的に，戦略ポジショニングは，競合他社とは『異なる』活動を行う，あるいは類似の活動を『異なる方法で』行うことである[5]。」

Porter（1996）では，このように「業務効果」と「戦略ポジショニング」が明確に区別されている。しかし，実際の企業の「マネジャー」は，両者を常に混同しがちのようである。Porterによれば，「マネジャーの頭は業務効果の改善のことでいっぱい」であり，だからこそ，企業というものは，「1980年代」の「日本企業」よろしく，常に「利益率の低さに悩まされ続けている」のだという[6]。こうした背景について，同じくPorter（1996）は，「戦略と『業務

4　Porter,（1996），*op. cit.*, p.61.（邦訳，61頁）

5　*Ibid.*, p.62.（邦訳，62頁）

6　*Ibid.*, pp.62-64.（邦訳，63～64頁）

図表4-1 「見える化」が実施される業務改善の枠組み例

業務改善の枠組み	概要
BPR	ビジネス・プロセス・リエンジニアリング。 業務プロセス全体を可視化して，「顧客にとっての価値を産み出す活動」とそうでない活動とを区別して，後者を廃止・削減することで，仕事の進め方の抜本的な改革を行うもの。主に，トップダウンとして進められる。 高度に分断化された組織運営への反省が立脚点となっており，顧客価値を生み出すための組織横断的な新たな一連のプロセスの構築が目指される。
「カイゼン」	トヨタにおける生産方式見直しの総称であり，非常に広い概念である。導入はトップダウンであるが，「見える化」の具体的な取組みである「カンバン」「アンドン」などは，QC サークルによる業務改善などに結びつけられ，ボトムアップとして実施される。 ●カンバン：部品とカンバンとを同時に動かすことで現状（渋滞，不良品発生）を容易に把握できるようするもの ●アンドン：生産ラインや機械の稼動状況を一目で把握できるようにするもの
シックス・シグマ	統計学の手法を応用して，不良品率の低下や顧客満足度の向上を図る取組み。元々は製造部門を念頭にした手法であったが，営業部門・企画間接部門，サービス業などにも適用されるようになった。 日本のQC サークルが参考にされたといわれるが，トップダウンの改革として実施される点で異なる。
棚卸	元々は，企業が決算等の目的のために，保有する資産（商品，原材料など）の種類，数量，評価額などを，全て実地に調べて（＝可視化して）評価することを意味する。 近年それが転じて，企業経営における業務プロセスの見直しにも，その概念や用語が用いられるようになっている。 現状の業務プロセスの全体像を可視化して，「効率的な業務」「価値を生み出す業務」などの観点から見直しを行う手法である。 組織（部門）全体の業務プロセスを行うため，また情報システム等の見直しを伴うこともあり，トップダウンにて実施されることが多いと思われる。

出所：三菱UFJ リサーチ＆コンサルティング（2009）「民間企業等における経常的な効率化方策等（業務の分析・『見える化』及び組織目標管理）の国の行政組織への導入に関する調査研究の請負」4頁。

図表4-2　業務効果の評価項目

| 業務 | 主な業務システム | 定量項目 | | | | 定性項目 |
| | | 財務諸表 | | 非財務諸表 | | |
		売り上げ	主なコスト（人件費を除く）	生産性	品質	
マーケティング，営業・販売	顧客管理システム 販売管理システム 営業支援システム	訪問営業の受注確率 ダイレクト・メールのヒット率	営業キャンペーンのコスト	顧客訪問回数 見積もり書や提案書の作成時間 営業日報作成時間	顧客からのクレーム件数 顧客満足度（点数化したもの） 見積もり精度 納期順守率 営業成功事例の登録件数	業務成功事例の共有　内部統制の強化　セキュリティ強化
サポート・サービス	コールセンター・システム 顧客管理システム	－	管理コスト	問い合わせ1件当たり対応時間	対応ミス件数 顧客満足度（点数化したもの）	
生産管理，製造	生産管理システム 工程管理システム	－	原材料コスト 設備コスト エネルギー・コスト	単位時間当たり生産量 製造リードタイム 製造ライン組み替え時間	歩留まり（製品不良率） 充てん量ミス件数 トラブルの原因追究時間 生産計画の見直し頻度	業務継続計画への対応　法令改正への対応　トレーサビリティへの対応
在庫管理，物流	物流管理システム 在庫管理システム	－	配送コスト 検品コスト 在庫コスト 入出庫コスト 荷造りコスト エネルギー・コスト	輸送時間 荷造り時間 返品処理時間 廃棄処理時間	製品在庫回転率 入出庫ミス件数 配送ミス件数 処分販売額	経営方針の周知
購買	購買管理システム	－	資材単価	購買リードタイム	発注ミス件数	
経理，人事，総務	会計システム 施設予約システム 人事管理システム	－	管理コスト	業務効率向上	作業ミス件数	

出所：『日経SYSTEMS』2008年5月号，37頁。

効果（operational effectiveness）』を区別していないこと」を，「問題の本質」として挙げている[7]。「競争戦略論」においては，まさしく「業務効果」こそが「利益率の低さ」の元凶，と目されているのである。

　「振り返ってみれば，日本企業のグローバル市場における地位は1980年代にピークに達し，バブル経済の崩壊とともにその地位は揺らぐことになった。1980年代半ばまでの日本企業は，TQMや継続的な改善等による品質の向上とコスト削減といったオペレーション効率（Operational Effectiveness）による競争を通じてグローバル市場でリードすることができた。だが，その後，欧米企業と日本企業とのオペレーション効率の差が狭まり始めると，グローバル市場における日本企業の競争優位は徐々に失われることになった。日本企業の経験が明らかにしたのは，オペレーション効率のみによる戦略なき競争は相互破壊的であり，消耗戦につながるということであった[8]。」

　しかし，Porterも，「業務効果」そのものの意義について，完全に否定しているわけではない。Porter（1996）では，「業務効果の向上」が「経営上不可欠な部分[9]」であること，「あらゆる企業において，優れた業績の達成こそ究極の目標であり，そのためには戦略と業務効果の両方が欠かせない[10]」ことも，たしかに言及されている。たとえば，図表4-1には代表的な「業務改善」＝「業務効果」の内容が挙げられているが，さらに，図表4-2によると，「業務効果」がカバーするとされる「業務」が非常に多岐にわたっており，またその期待される効果も様々であることが見て取れる。ただし，Porterの最大の関心事は，企業に「競争優位」をもたらすこと，それである。その意味において，Porterの「競争戦略論」が，「競争優位」をもたらす存在として，「業務効果」ではなく「戦略」を唯一評価しているのも，また紛れもない事実である。

7　*Ibid.*, p.61.（邦訳，62頁）

8　今野喜文（2012）「日本企業の戦略を捉えなおす―日本企業は戦略論に何を学ぶのか」『北星学園大学経済学部北星論集』第51巻第2号（通巻第61号），3頁。

9　Porter，（1996），*op. cit.*, p.78.（邦訳，89頁）

10　*Ibid.*, p.61.（邦訳，62頁）

(2)「業務効果」と「競争優位」

では,「競争優位」とは何か。

「競争優位」とは,「業界平均を上回る収益率を持続する」こと,具体的には,「競合他社と比べて相対的に高い価格を要求できるか,事業を相対的に低いコストで運営できるか,その両方」,を意味するとされる[11]。換言すれば,それは,「優れた業績の達成」の意そのものでもある。つまり,Porter(1996)は,「業務効果」では競合他社との差が開かず,「優れた業績の達成」が不可能となる,と主張していることになる。では,なにゆえに「業務効果」は,「競争優位」とはなりえない,と考えられているのであろうか。

> 「高収益を実現するには,業務効果を継続的に向上させることが欠かせない。しかし通常,十分とはいえない。業務効果を基礎として長きにわたり競争を制してきた企業などほとんどないばかりか,ライバルの機先を制することも日に日に難しくなっている。その最大の理由は,ベスト・プラクティスはあっと言う間に広まることである。競合他社は,経営手法や新技術,インプットの改善,顧客ニーズにより的確に応える方法など,どれもすぐさま模倣できる。最も一般的な解決策——これはさまざまな状況で利用できる——もあっと言う間に広まる。コンサルタントたちの後押しも手伝って,業務効果の改善方法はいっそう増殖していった。業務効果をめぐる競争によって,生産性の限界線は外側に移動し,あらゆる企業が底上げされる。ただし,このような競争により,業務効果は間違いなく改善されるが,その代わりどこの企業も似たり寄ったりになる[12]。」

Porter(1996)によれば,「業務効果」とは,「あっと言う間に広まる」ために,「どこの企業も似たり寄ったりに」なり,そうして,「あらゆる企業が底上げされる」ことにより,結果的に,競合他社との差が開かなくなる,というのである。「業務効果」が「競争優位」とはなりえない理由とは,まさし

---

11 Magretta, J., (2012), *Understanding Michael Porter: The essential guide to competition and strategy*, Harvard Business Review Press, p.68.（櫻井祐子訳『〔エッセンシャル版〕マイケル・ポーターの競争戦略』早川書房,2012年,98頁）

12 Porter, (1996), *op. cit.*, p.63.（邦訳,64頁）

くこの点にあるとされる。さらに，「競合同士が互いに模倣し合え」てしまう「業務効果のみを基礎とした競争」とは，結局のところ，「勝者のいないレース」となってしまい，「やがて消耗戦に発展する」，とも考えられている[13]。つまり，Porter（1996）の主張とは，「業務効果」では，「いずれは価格競争になって製品価格が下がってしまい，市場に参加しているすべての企業が利益ゼロあるいはマイナスの状況になってしまう」ため，そうではなく，そうした「市場競争の調整メカニズムが簡単にしかも短時間のうちに貫徹しにくいような部分を企業がつく」こと，すなわち，「たとえば誰もが簡単に参入ができないような技術的状況にしてみたり，他社が簡単には真似のできない製品にしてみたり，あるいはときには談合をしたり，さまざまな形で『経済学の教科書に書いてあるような状態に市場競争をもっていかないような』努力」を意味する「戦略」こそが，まさしく，「競争優位」の目指す先の意にほかならない，と指摘していることになる。

　「市場のすき間を狙うという競争戦略は，じつは競争状態のゆるやかな場所を狙っているという意味で，競争を避けている戦略ともいえる。そこには，『非競争を志向することが競争戦略である』というパラドックスがある…（中略）…なぜ企業は，競争の激しい状態をいやがるのか。理由は簡単である。競争が激しければいずれは価格競争になって製品価格が下がってしまい，市場に参加しているすべての企業が利益ゼロあるいはマイナスの状況になってしまうからである。それが経済学の教科書が教える競争の結末であり，現実に起こりうる状況である。このような市場全体で利益ゼロになっている状態を，経済学者は資源配分の理想的な状態と考える。しかし，個々の企業の視点から見ると，この状態は望ましいものには見えない。むしろ，企業は利益を得られる可能性があると思うからこそ市場に参入し，多大な努力を払い，危険を冒すのである。それにもかかわらず，市場における競争は，個々の企業の利益をゼロにしてしまう方向での調整を行う。この矛盾した関係こそ，市場という調整のメカニズムの面白さではあるが，現実の市場ではこのメカニズムが貫

13　*Ibid.*, p.64.（邦訳，64，66頁）

徹していないように見える。多くの企業がかなりの額の利益をあげている。あるいはその利益はいずれ消え去るものかもしれないが，消え去る前に利益を享受できる期間がかなり許されているケースが多い。それは，企業の競争戦略によって，市場競争の調整メカニズムが簡単にしかも短期間のうちに貫徹しにくいような部分を企業がつくろうとするからである。たとえば誰もが簡単に参入ができないような技術的状況にしてみたり，他社が簡単には真似のできない製品にしてみたり，あるいはときには談合をしたり，さまざまな形で『経済学の教科書に書いてあるような状態に市場競争をもっていかないような』努力を企業がしているからである。それが非競争への志向という競争戦略のパラドックスである。それを言い換えれば，競争戦略の本質は企業として経済学の教科書の逆張りばかりを行うことである，となるだろう。競争しているからこそ，それから逃れるために企業は競争のゆるやかな状態を志向しようとして戦略を打つ。しかしその成功は長続きせず，再び競争が直接的に激しくなり，そしてまたふたたび非競争を目指して戦略を打つ。つまり，非競争への志向と競争状態の繰り返しというパラドックスに競争戦略の本質があるのである。[14]」

また，この点に関連して，Magretta（2012）は，「業務効果」，「戦略」，そして「競争優位」という，三つの概念の関係を，改めて次のように整理している。

「競争優位とは，企業が実行する活動の違いから生じる，相対的価格または相対的コストの違いをいう…（中略）…競争優位を実現した企業は，活動がほかと違っているはずだ。活動の違いには，二種類の形態がある。他社と同じ組み合わせの活動を他社より優れて実行しているか，他社と異なる活動の組み合わせを選択しているかだ…（中略）…ポーターは，企業が類似の活動を競合他社よりも優れて行う能力を，業務効果（OE：Operational Effectiveness）と呼ぶ。一般には『ベストプラクティス』や『実行（エクゼキューション）』と呼ばれるものだ。何と呼ぶにせよ，企業が経営資源を

14　伊丹・加護野（2003），前掲書，日本経済新聞社，68〜69頁。

より有効に活用するのを助ける，さまざまな実践のことだ。重要なのは，業務効果と戦略を混同しないことだ。何よりもまず，業務効果の差はどこにでも見られることを頭に入れておこう。たとえばサービスの不手際を減らす，在庫を切らさない，人材流出を防ぐ，廃棄物を減らすといったことを他社よりうまくやる企業がある。このような違いは，企業間の収益性の違いを生む重要な源泉になることがある。だが業務効果を高めるだけでは，堅牢な競争優位は得られない。『ベストプラクティス』の優位が持続することはめったにないからだ。新しいベストプラクティスを確立したとたん，競合他社に模倣される。この種の模倣合戦は，過当競争と呼ばれることもある。ベストプラクティスはビジネスメディアの助けを借りて，またベンチマーキングや品質／継続的改善計画をもとに一大業界を築いたコンサルタントを通じて，またたく間に広まる。解決策は一般的なものであればあるほど，つまり多くの企業や業界の状況にあてはまるものほど，急速に広まる（まだTQM〔総合的品質管理手法〕の洗礼を受けていない業界があるだろうか？）。こういった計画には有無を言わせない魅力がある。経営者は社内に最新のベストプラクティスを導入し，目に見える改善を実現することで報酬を得る。だがこれにとられるあまり，社外のより大きな流れを見失うことも多いのだ。ベストプラクティスで競い合うことは，実質的に全参加者のハードルを上げることになる。業務効果は絶対的に向上するが，誰も相対的向上を実現できない。このようにベストプラクティスは必然的に広まり，その結果誰もが現状を維持するだけのために，ますます早く走らなくてはならなくなる。実行をないがしろにして永らえる企業はない。非効率は，どんなに持続的でどんなに大きな価値を秘めた戦略さえだめにしてしまう。だが競合他社と同じ活動を行いながら競争優位を——つまり価格またはコストにおける持続可能な違いを——を実現できると思うのは大間違いだ。たとえば業務効果にかけては，日本企業の右に出るものはない。だがポーターの研究に詳しく述べられているように，業務効果での競争にとられわれたせいで，最も優れた日本企業でさえもが慢性的に低い収益性に悩

まされているのだ。[15]」

　Magretta（2012）によれば，「業務効果」は，やはり，「競争優位」にはなりえない，としている。ただし，「業務効果を高めるだけでは，堅牢な競争優位は得られない」，という表現にとどめている。これは，Magretta（2012）では，「他社と同じ組み合わせの活動を他社より優れて実行している」ことも，「他社と異なる活動の組み合わせを選択している」ことも，すなわち，「業務効果」と「戦略」，そのどちらも，たしかに，「企業間の収益性の違いを生む重要な源泉になる」，と考えられているからであり，その上で前者の「業務効果」では，瞬く間に「競合他社に模倣される」，としている。逆に，Magretta（2012）では，Porter（1996）とは異なり，「業務効果」が「非効率」を生み出す，とまでに断じられている。それは，「戦略」ではなく「業務効果」を選択した場合，「社外のより大きな流れを見失うことも多」くなり，何よりも「価格またはコストにおける持続可能な違い」を「実現」できないと考えられているからであり，ここから「業務効果」とは，やはり，「非効率」の源泉として位置づけられている，ということがわかる。

(3)「業務効果」と「戦略」

　では，「戦略」とは何か。

　Magretta（2012）によると，「戦略」とは，「差別化（differentiation）」の意にほかならない。たしかに，Porter（1996）でも，こうした「差別化を図り，これを維持・継続した場合のみ，ライバルに勝る業績が実現する」として，「他社と異なる存在になる」ことを，まさしく，その具体的な中身としている。[16]しかし，「差別化」とは，一般的に「『違う（different）』という意味と混同」されがちであるが，そうではなく，「割高な価格を要求できること」，を意味するのだともいう。[17]つまり，「ライバルと異なる活動」によって，「異なるニーズを満たす」等に成功した結果，「高価格」を「維持」し，「ライバルに勝る業績が実現する」こと，そうした一連のプロセスを，Porterは，「戦

15　Magretta, (2012), *op. cit.*, pp.87-89.（邦訳，124〜127頁）
16　Porter, (1996), *op. cit.*, p .62, 64.（邦訳，62，66頁）
17　Magretta, (2012), *op. cit.*, p.70.（邦訳，101頁）

図表4-3　業務効果と戦略の対比

業務効果		戦略
ライバルと同じ活動をより優れて行う	活動	ライバルと異なる活動を行う
同じニーズをより低いコストで満たす	生みだされる価値	異なるニーズを満たすか，同じニーズをより低いコストで満たす，またはその両方
コスト優位性，ただし維持するのが難しい	優位性	高価格か低コスト，またはその両方を維持
最高を目指す競争，実行で勝負する	競争	独自性を目指す競争，戦略で勝負する

出所：Magretta, J., (2012), *Understanding Michael Porter: The essential guide to competition and strategy*, Harvard Business Review Press, p.88. (櫻井祐子訳『〔エッセンシャル版〕マイケル・ポーターの競争戦略』早川書房，2012年，125頁)，に筆者一部加筆修正。

略」と呼び，さらには「競争優位」として位置づけていることになる（図表4-3参照）。

　　「差別化に成功した場合を考えてみると，その差別化のポイントについてそれだけの満足を顧客に与えているのが自社だけだから，顧客は自社の製品を選択してくれている。その意味では，『自社だけが顧客にそのメリットを与えている』という点で，部分的ではあるが独占的な要素，競争がその瞬間にゆるやかになっているという側面が存在する。したがって，差別化戦略もまた，究極的には競争がゆるやかになる状態を狙おうとして懸命に差別化努力をしている行動なのである。[18]」

　また，「差別化」を「市場の参入障壁（barriers to entry）[19]」の問題として把握し直すことも可能とされる。Greenwald and Kahn（2005）では，ある「市場に競争優位が存在」しており，そして，それを「支配的企業」として「自社」のみが「享受」しているならば，「自社」は，「参入障壁によって守

18　伊丹・加護野（2003），前掲書，日本経済新聞社，68頁。

19　Greenwald, B. and Kahn, J., (2005), *Competition Demystified: A radically simplified approach to business strategy*, Portfolio, p.5. (辻谷一美訳『競争戦略の謎を解く―コロンビア大学ビジネス・スクール特別講義』ダイヤモンド社，2012年，8頁)

られ」ていることとなり，ここに「差別化」が実現される，としている。その「市場」には，競合他社が参入しないため，「自社」は，消費者に対して，「割高な価格を要求できる」ことになる。ただし，この場合，「ライバルに勝る業績が実現」しているわけではない。そもそも，「ライバル」など存在しない。なぜならば，「自社」は，「支配的企業」なのであり，それは，別名，「独占企業（monopoly firm）」と呼ばれる存在だからである。このようなケースでは，その後の話の展開は，さほど難解ではない。「支配的企業」が「自社」のみの場合，「参入障壁」を「適切に管理して防御すること」が「最善の戦略」とされ，逆に「支配的企業」が「他社」の場合，「新規参入を考えている企業は検討を中止」し，「市場から撤退するのが賢明な策」とされているからである。また，同じく「支配的企業」が「他社」の場合，それが「常に競合の動きを警戒している用心深い一社または複数の既存企業」のどちらであっても，「自社」の選択肢は，その「市場から撤退する」ことだけ，とされる[20]（図表4-4参照）。

　Harford（2006）によれば，「現実の世界」には，こうした「参入障壁」が意外と「多い」とされており，「競争のない大企業が高水準の利益を得」ているのだという。

　　　「現実の世界では，潜在能力の高い新興企業が市場に参入して競争しようとしても，それを阻む壁は多い。消費者自身に問題があるケースもある。消費者は大企業しか相手にしないことから，新興企業が市場に参入するのは難しくなっている…（中略）…もっと多いのは，企業自身がロビー活動を展開して，競争から保護するように政府にはたらきかけ，世界中の多数の国の政府が独占認可を与えたり，銀行，農業，通信などの『微妙な』業界への新規参入を厳しく制限したりするケースだ。理由はどうだろうと，結果は同じである。競争のない大企業が高水準の利益を得る。」[21]

　しかし，こうした指摘に対して，Greenwald and Kahn（2005）では，懐疑

20　*Ibid.*, pp.50-51.（邦訳，67〜68頁）
21　Harford, T., (2006), *The Undercover Economist*, Little, Brown, p.23.（遠藤真美訳『まっとうな経済学』ランダムハウス講談社，2006年，38〜39頁）

図表4-4　戦略分析：支配的企業が1社のみ存在する場合

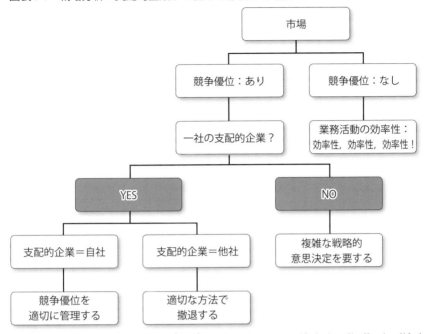

出　所：Greenwald, B. and Kahn, J., (2005), *Competition Demystified: A radically simplified approach to business strategy*, Portfolio, p.13.（辻谷一美訳『競争戦略の謎を解く─コロンビア大学ビジネス・スクール特別講義』ダイヤモンド社，2012年，18頁）

的な立場が取られている。「参入障壁」の構築による「差別化」の実現が，いかに現実の企業活動において困難であるかが，むしろ，強調されているからである。

　「経営戦略に関する文献で広く受け入れられている一般原則は，企業は自分たちが何らかの競争優位を持つ市場でのみ事業を行うべきであるというものだ…（中略）…実際には，持続可能な競争優位を持った企業は例外的な存在であり，一般的な原則にはなりえないというのが，我々の考えだ。大半の市場における大半の企業は競争優位など持っていないし，競争優位の不在が業界の構造的な性質による場合，それを新たに築くことは難しい。たしかに，何らかの市場で競争優位を築く可能性を秘

めている企業は多いかもしれない。適切なニッチ市場を選択し，顧客の囲い込みに熱心に取り組み，規模の経済を実現するように業務活動をうまく取りまとめれば，その他大勢のポジションから抜け出して，市場で支配的な地位を築き，参入障壁でその地位を防御することができるかもしれない。しかし，どんなに素晴らしい計画を立て，それを完璧に実行しても，このような大成功を収める企業は実際にはめったに見られない。大半の企業は参入障壁によって守られることなく，入れ替わりの激しい多数の競合他社と同等の立場で事業を営んでいる。このような立場にある企業…（中略）…に求められる戦略原則は一つしかない。あらゆる業務活動を，できるだけ効率的かつ効果的に行うことをひたすら追求することである。業務効率の追求は，原材料費，人件費，設備費，公共料金，旅費，交通費といった業績に影響する費用項目を管理するのはもちろん，投じられた費用から生産性の高い収益を生むことも意味している…（中略）…効率性と生産性の向上に重点を置く優れた経営から得られる利益は，構造的な競争優位から生じる利益に匹敵するものともなりうる。はっきりとした構造的な競争優位が存在しない業界でも，効率的な経営を行っている企業は，競合他社より優れた業績を長期間にわたって達成し続けている。経済学における一般的な仮定とは異なり，技術や市場機会をうまく活用する能力は各企業によって異なる。[22]」

Greenwald and Kahn（2005）が指摘するように，「大半の市場における大半の企業は競争優位など持っていない」とすれば，それは結果的に，「どのような競争優位も存在しない市場」が想定されていることになる。その場合，企業に残された唯一の選択肢は，必然的に「業務効果」の追求となる。

　　「どんな市場であろうと，最適な戦略は市場に存在する競争優位の有無とそのタイプによって決まる。もっとも単純なケースは，どのような競争優位も存在しない市場である。このような市場では，ある企業とその競合（既存の競合と潜在的な競合の双方を含む）を実質的に区別するものはなく，競争上の経済的な条件は各社にとって同等である。こうした市

22　Greenwald and Kahn, (2005), *op. cit.*, pp.363-364.（邦訳，204〜206頁）

場の基本的な経済構造を，一つの企業が単独で自社に有利なように変えるのは難しいことが確認されている。競争優位が存在しない市場に属している企業は，非現実的な戦略の夢物語を描くことは忘れて，できる限り効率的な業務活動を行うことに専念すべきである。このような競争環境で重要なのは，コスト管理，製品開発，マーケティング，特定の顧客層に対する価格設定，資金調達，その他あらゆる業務に関する効率性であり，他の競合よりも効率的に業務活動を遂行できる企業が成功することとなる。すべてのプレーヤーが顧客，経営資源，技術，事業規模等をほぼ同等の条件で入手できるような競争優位が存在しない業界でも，業務効率が高い企業は競合よりもずっと大きい利益を稼ぐことができる。」[23]

以上，これまでの議論を整理すると，次のようになる。

まず，Porter（1996）は，模倣可能な「業務効果」を「戦略」と混同するならば，競合他社との激しい価格競争に巻き込まれてしまい，結果的に利益がゼロもしくはマイナスとなる，と指摘した。次に，Magretta（2012）は，だからこそ，「業務効果」ではなく，「戦略」を選択する必要があり，具体的には競合他社と異なる活動によって異なるニーズを満たす，いわゆる，「差別化」の実現によって，初めて卓越した業績を残すことが可能となる，と指摘した。そして，最後に，Greenwald and Kahn（2005）は，結局のところ，それは，自社が支配している場合，市場に「参入障壁」を構築し，競合他社が新規参入できない状態を意図的に創造することである，と指摘した。

ところが，Greenwald and Kahn（2005）は，こうした市場構造によって持続可能な「競争優位」を持った企業など，現実にはほとんど存在しないことも，同時に明らかにしている。Harford（2006）が指摘したような，銀行や通信といった一部の産業を除けば，たしかに，そうした許認可産業に属する企業が例外的な存在であることは，誰の目にも明らかである。Greenwald and Kahn（2005）では，決して「戦略」としての「差別化」（あるいは「参入障壁」の構築）を否定するものではないものの，「競争優位」が存在しない大半の市場に属している企業は，非現実的な「戦略」ではなく，むしろ，「業

---

23 *Ibid.*, pp.45-46.（邦訳，61頁）

務効果」に専念すべきである，と指摘する。

　「戦略が重要なことは間違いない。非現実的な戦略目標を設定すれば，
業績が低迷するのはほぼ確実である…（中略）…競争優位の仕組みや，
競合間の相互作用を無視した不適切な戦略に基づく取り組みは，事業が
失敗する最大要因の一つである。しかしながら，戦略のみがすべてを決
めるわけではない。戦略の策定にのめり込んで業務活動の効率性をおろ
そかにすれば，不適切な戦略と同じほどの大きな損害を被ることになる。
戦略的には同じはずの企業間の業績が大きく異なっていたり，重要な経
済要因が変化していないにもかかわらず，企業の業績が短期間で急変し
たりするケースが無数に見受けられることは，効率的なマネジメントの
重要性を物語る証拠である[24]。」

　つまり，これまでの議論を振り返るとき，図らずもクローズアップされたの
は，Porterの推奨する「戦略」ではなく，むしろ「業務効果」の方であった
といえよう。とすれば，この点に関して，次のような疑問を抱くことは，決
して不自然なことではないであろう。すなわち，「業務効果」の行く末を「勝
者のいないレース」にたとえた，そもそものPorter（1996）の主張とは，果
たして妥当性を有していたのか，という疑問である。周知のように，「業務効
果」に関するPorterの主張とは，「競争優位」としての「戦略」の意義を強
調する際の，重要な理論的根拠の1つに位置づけられ，その効力の否定に関
するくだりは，競争戦略論全体にも大きな影響を与えてきた。しかし，本章
では，あえてこの前提を疑い，逆に「競争優位」としての「業務効果」の妥
当性について，次のような見解をもつに至った。すなわち，「業務効果」の
行く末とは，「勝者のいないレース」などでは決してなく，むしろ，「業務効
果」の追求もまた，競合他社に比して優れた業績の達成を可能とする，とい
うものである。

24　*Ibid.*, p.376.（邦訳，218頁）

4-3「競争戦略論」の限界：「新古典派企業観」の踏襲

(1)「競争戦略論」と「新古典派企業観」

　では，「業務効果」が「競争優位」になり得るとする，その理論的な根拠とは何か。

　それは，経済学のテキストに登場する企業とは異なり，技術や市場機会をうまく活用する能力，すなわち，「業務効果」の能力とは，現実には企業ごとに決して一様ではない，という点である。逆に，Porterの想定している企業，すなわち，技術や市場機会を活用する能力に，まったく差がない企業など現実には存在しておらず，ここからPorterの依拠する企業観を前提に展開された，一連の「業務効果」をめぐる議論そのものが，一転してその根拠を失う可能性を指摘することができよう。

> 　「完全競争産業では，企業は販売する商品の価格に対する支配力がなく，長期的には経済的利潤を得られない。その主な要因は2つある。完全競争産業では，企業が販売する製品が同じであること，そして新たな企業が参入しやすいことである…（中略）…ただし，実際には完全競争産業は極めて少ない。ほとんどの産業では各企業が同じ製品を製造しているわけではなく，新規参入が困難な産業もある。[25]」

　通常，こうした経済学のテキストに登場する「企業」とは，前述した，「新古典派企業」と呼ばれるものであるが，「業務効果」をめぐる一連の記述におけるPorterとそのフォロワーの企業観とは，まさしく，こうした新古典派企業観そのものであったといえる。だからこそ，「競争戦略論」においては，同じ「業務効果」を採用したすべての「企業」が，必然的に同じ結果を享受せざるを得ない，と位置づけられてきたわけである。しかし，現実の「企業」とは，こうした新古典派企業観によって描かれるような，常に一定の効率を生み続ける機械装置のような存在では，決してあり得ない。むしろ，現実の「企業」とは，それぞれに固有の「内部管理上の問題」を抱えており，だからこそ，世の中には，どれ1つとして同じ「企業」など存在しないのである。

25　Hubbard and O'Brien, (2012), *op. cit.*, p.396.（邦訳，223頁）

「企業は，たんに原子的な生産要素を市場で販売可能な産出物に変換する機械的な『ブラック・ボックス』ではない。むしろそれは，その内部において固有の人物・物的資源の配分を経営者が統制している，より豊かな実在とみるべきである。われわれはこのブラック・ボックスの内側をみなければならない。[26]」

Magretta（2012）には，競争優位を実現した企業は，たしかに活動がほかと違っているはずだ，との一文がある。しかし，それは，決して企業の“外部”だけの話ではない。企業の“内部”においても，それは，同じはずである。ところが，「競争戦略論」では，こうした「企業の内部にかかわる事項」には，まったく関心を示そうとはしてこなかった，といえる。

「参入障壁のない市場における唯一の適切な方策であるという点からすれば，業務効率の向上は戦略的なものだと考えられるかもしれない。しかし，マイケル・ポーターによって『他の企業が行っていることをよりうまく行うこと』と定義づけられた業務効率の向上は，あくまで企業の内部にかかわる事項であり，我々の定義にしたがえば，それは戦略的ではなく戦術的なものだ。効率性を追求するためには，戦略の真髄である外部要因との相互作用に関する考察を必要としない。[27]」

「競争優位が存在しない市場では，経営の効率化を絶えず追求し続けることがきわめて重要となる。しかし，経営の効率化は『戦術』（tactic）に関する事項であり，『戦略』（strategy）的な意味合いを持つものではない。経営の効率化は，社内の作業プロセス，組織構造，人員配分，慣例といった企業内部の事柄に重点を置くものである。一方で，戦略は市場や競合の反応といった企業外部の事柄に主な視点を向けるものなのである。[28]」

26　Aoki, M., (1984), *The Co-Operative Game Theory of the Firm*, Oxford University Press, p.4.（青木昌彦訳『現代の企業―ゲームの理論からみた法と経済』岩波書店，1984年，4頁）本論文の引用部分は，日本語版を参考としているが，英語版とは異なる表現も散見される。よって，日本語版の文章が，そのまま英語版の忠実な訳出，というわけではない。

27　Greenwald and Kahn, (2005), *op. cit.*, p.6.（邦訳，9頁）

28　*Ibid.*, p. x．（邦訳，ⅲ頁）

こうした所説の理由として考えられ得る可能性に，いわば戦略論研究全般における，「戦略」に対する伝統的な先入観の影響を挙げることができるかもしれない。たとえば，戦略論研究において古典に分類されるAnsoff（1965）でも，「企業の内部にかかわる事項」の分析に重点を置くCyert and March（1963）については，「業務的な問題に限定されている」として，やはり，はじめから検討の対象外に置かれている点を再確認することができる。

> 「…サイヤート＝マーチの理論の大きな価値は，それが，意思決定の過程に経済的変数要因と社会的変数要因の両方を持ち込むことによって，初めて，経済学的観点と企業行動科学的観点とに共通の枠組みを提供しているという点である。ただ不幸なことに，彼らの理論の現時点での進展状態では，これを戦略的な問題に適用するにはその条件を満たしていないといえよう。その一例をあげれば，彼らのアプローチは，いくつかの企業の目標形成の過程がどのようにして行われるかを述べている。ところが，それらは，たまたま，戦略的意思決定をすることを拒絶しているか，それともそういう必要がないか，どちらかのタイプの企業の場合なのである。したがって，その議論は，戦略的な問題よりも，むしろ業務的な問題に限定されているといわなければならない。[29]」

いずれにせよ，「業務効果」を「競争優位」ではないとする，これまでの「競争戦略論」の主張は，まずは何よりも同論が前提とした伝統的な企業観ゆえに，翻ってその現実的な説明力を失うことになったわけである。そもそも，「競争している企業の内部非効率の相対的な程度[30]」とは異なるのであり，よって，たとえ同じ「業務効果」を選択したところで，その効果を発揮するための活動も一様ではなく，だからこそ，企業ごとの業績を比べた結果，最終的に優劣が付かないことなど，現実には決してあり得ない。非効率が相対的に少ない企業，すなわち，同じ「業務効果」から相対的に多くの利益を残した企業は，必ず存在するのであり，そして，その企業こそが，結果的に勝者

29　Ansoff, H. I., (1965), *Corporate Strategy: Business policy for growth and expansion*, McGraw-Hill Book Company, p.50.（広田寿亮訳『企業戦略論』産業能率大学出版部, 1969年，46頁）

30　Leibenstein, (1987), *op. cit.*, p.176.（邦訳，219頁）

として位置づけられるからである。つまり、Magretta（2012）の指摘とは逆に、競合他社と同じ活動を行いながら競争優位を——つまり価格またはコストにおける持続可能な違いを——を実現できないと思うのは大間違いだ、ということである。

> 「企業間における業務効果の違いは、広く散見される。インプットを他社よりも有効活用できる企業が存在するのは、たとえば無駄な作業をなくす、新しい技術を採用する、従業員を動機づける、ある種の活動や一連の活動を管理するコツを心得ているといった理由からである。」[31]

では、「業務効果」が導くとされる、いわゆる、価格競争による消耗戦への懸念については、どうであろうか。Porter（1996）が指摘するように、競争する企業同士が利益ゼロあるいはマイナスの状況に陥り、最終的に共倒れに追い込まれてしまうのであろうか。もし、「業務効果」が常に勝者のいないレースをその行く末とするならば、「競争優位」として位置づけることは、たしかに困難となる。

(2) 価格競争をめぐる理論と実際

そもそも、Porter（1996）が指摘する、「業務効果のみを基礎とした競争」の果てに辿り着くとされる、いわゆる、価格競争による消耗戦と共倒れの"世界観"とは、果たして現実に存在するものなのであろうか。

たとえば、山田（2015）には、「経験曲線によるコスト低下を上回る価格低下」の実例として、「エコ・ポイント締切間際の薄型テレビや『0円携帯電話』の競争」、「牛丼チェーンの価格競争や、お互いが相手のサイトを見ながら割引率を上げていった楽天対アマゾンのDVDの割引競争」、などが取り上げられている[32]。しかし、こうした実例の"世界観"として、果たして前述のような結末が実際に展開されたかといえば、決してそうではないだろう。むしろ、図表4-5にあるように、「約10年間にわたって相手を傷つけ合」ってきた「コカ・コーラ（Coca-Cola）」と「ペプシ（PepsiCo）」の「両社」が、1989

31　Porter,（1996）, *op. cit.*, p.62.（邦訳，62〜63頁）
32　山田英夫（2015）『競争しない競争戦略—消耗戦から脱する3つの選択』日本経済新聞社，21〜22頁。

図表4-5　コカ・コーラとペプシの行動：1984〜1992年

年	ペプシの行動	コカ・コーラの反応または行動	ペプシの反応
1984年	すべてのダイエット飲料にアスパルテーム（人工甘味料）を使い始める。	一部のダイエット飲料でアスパルテームを使い始める（全商品で用いるには十分な量を確保できなかった）。	
1985年4月		ニュー・コークの導入とコーラの廃止を大々的にプレス発表する。	ニュー・コークの失敗をあざ笑う内容のキャンペーンを展開する。
1985年7月		従来のコーラをコカ・コーラ・クラシックとして復活させる（9月までに飲料品店での売上高がニュー・コークの3倍となる）。	
1986年	ウェイン・キャラウェイがCEOに就任し、利益率とROIに重点を置く方針を表明する。		
1986年		フランチャイズや傘下で最大級のボトラー2社を買収し、ボトラーの直接所有比率を38%へ高める。	独立系大手ボトラー2社の買収を皮切りに、1990年までボトラーの買収を進め、直接所有比率を51%へ高める。
1986年		ボトラー事業を分社化してコカ・コーラ・エンタープライズを設立し、51%分の株式を一般投資家へ売却する。	1999年にボトラー事業を分社化してペプシ・ボトリング・グループを設立し、65%分の株式を一般投資家へ売却する。
1989年	両社がそろって炭酸飲料の価格を3.3%値上げする。（1981年以来最大の値上げ幅）		
1992年		一部の限られた地域のみで、ニュー・コークをコークⅡとして再販売する。	コークが販売されていた地域のうち1つの市場でテレビCMを増やす。

出所：Greenwald and Kahn, (2005), *op. cit.*, p.321. （邦訳，196頁）

年に「そろって炭酸飲料の価格を3.3%値上げ」したように，「十分な回数の
ゲームを経験した後で互いに協調することの大切さを学」び，致命的な状態
に陥る前に価格競争に終止符が打たれる，といった結末を迎えるというケー
スが，ほとんどであろう。[33]

　「業界の巨人企業が二社しか存在しない炭酸飲料市場では，コカ・コー
　ラが取ったこの行動を見落とすことなどありえず，その意図を理解す
　ることも難しくなかった。ペプシは，それまでの執拗な攻撃を取り下げ
　ることで反応し，挑戦的な広告宣伝のトーンを弱めて，自分たちも休戦
　に応じるという意思を示した。この新しい協調体制は，コカ・コーラが
　もっとも重要視するようになった利益率指標に望ましい結果をもたらし，
　営業利益率は10%以下から20%を超える水準まで上昇した。ペプシの営
　業利益率も，コカ・コーラほど劇的ではないにせよ，十分大きく上昇し
　た…（中略）…このような協調的で利益率が高い状態は，1990年代に入
　ってからも持続した。[34]」

　つまり，Greenwald and Kahn（2005）やBesanko *et al.*（2000）らが，い
みじくも指摘するように，価格競争に一心不乱に突き進んだ結果，消耗戦に
よる"共倒れ"という結末を迎えたケースなど，現実には，ほとんど確認で
きない，といえよう。

　「価格競争では，最終的には相手を市場から完全に追放できるかもしれ
　ないという希望のもとに，長々と高い代償を払い続ける値下げ合戦を正
　当化することがよくある。しかし，歴史的に見て，長い伝統を誇り，経
　営もうまくいっている企業が，価格競争によって市場から駆逐されたと
　いう事例はほとんどない。先に攻撃を仕掛けてきた相手に対抗するため
　の手段として用いる以外は，価格競争での攻撃的な行動は必ずといって
　いいほどうまくいかない。[35]」

　「企業は，もし競争相手がすぐに値下げに追随すると予想するのであ
　れば，値下げから得られる増益はごく一時的なものにすぎないとわかる。

33　Greenwald and Kahn,（2005），*op. cit.*, pp.195-196.（邦訳，320〜321頁）

34　*Ibid.*, p.197.（邦訳，321〜322頁）

35　*Ibid.*, p.221.（邦訳，132頁）

企業は，低価格の主な影響は，市場シェアをほとんど変化させないまま，マージンを下げることであると予測する。結果として，値下げのインセンティブを持つことはない。[36]」

　たしかに，最近でも中韓勢による価格攻勢を前に，日本の電機大手が相次いでテレビ事業から撤退を決めるなど，そうした価格競争に関するニュースを伝える新聞紙面上には，「消耗戦と訣別」といった見出しを確認することができる。

　　「国内電機大手が相次ぎ海外のテレビ事業を大幅に縮小する。パナソニックは創業者の松下幸之助氏が立ち上げに関わった中国生産から撤退。国産初のカラーテレビ生産を始めた東芝も海外の開発，販売から撤退する。韓国，中国勢の価格競争を前に世界での消耗戦に見切りをつける格好だ。かつて『家電の王様』とされたテレビ事業にもはやその面影はない。[37]」

　しかし，この「価格競争」は，決して「勝者のいないレース」などではない。「日本企業」が「勝者」になれない理由とは，「トータルとしてのコストの安い中国企業を相手に勝ち目はない」から，である（図表4-6参照）。

　　「モジュラー型製品のもの造りにおいて日本企業が弱い点を具体的にあげると次の三点がある。第一にコストの問題である。市場で部品を購入して組み合わせれば作ることができるような製品となると，トータルとしてのコストの安い中国企業を相手に勝ち目はない。工場の生産コストは，日本企業でも中国工場の活用などによって大幅に低減できる。しかし，販売費及び一般管理費などのオーバーヘッドが大きな負荷となる日本企業は，中国企業と競うことは不可能に近い。第二には，グローバルな仕組みづくりの優劣がある。パソコンのデル社のように世界で最適な部品を迅速に探索して組み合わせ，顧客に合わせてカスタマイズするという真にグローバルな仕組みは，なかなか日本企業には真似ができない。第三は，プラットフォームリーダーの問題である。これは，最終製品を構成するモジュールのなかでも，とくにその基幹となる部品・ソフ

36　Besanko *et al.*, (2000), *op. cit.*, p.296.（邦訳，317頁）
37　「日本経済新聞」2015年2月2日付。

図表4-6　コモディティ化の3要素とその影響

	要因	コモディティ化への影響
モジュール化	インタフェイスの単純化	統合・組み合わせの容易化による付加価値の低下
	標準化	
中間財の市場化	モジュールの市場化	モジュール（部品）の市場が形成され，調達の容易化
	システム統合の市場化（擦り合わせの市場化）	商品システムの標準設計（リファレンスデザイン）が購入可能になり，統合・組み合わせの付加価値低下
顧客価値の頭打ち	顧客の機能こだわりの低さ	主要機能のみでの競争となり，それ以上の付加価値創出が困難
	顧客の自己表現性の低さ	

出所：延岡健太郎・伊藤宗彦・森田弘一（2006）「コモディティ化による価値獲得の失敗―デジタル家電の事例」榊原清則・香山晋編著『イノベーションと競争優位―コモディティ化するデジタル家電』NTT出版，26頁。

トを持ち，産業全体をリードする能力で，パソコンであればインテルやマイクロソフトなどのような企業である。日本は部品技術を持っていても，プラットフォームリーダーにはなかなかなれない。」[38]

つまり，「業務効果」が価格競争の末に競合他社との消耗戦を余儀なくし，「業務効果」を追求した企業同士に壊滅的なダメージを与える，といったPorter（1996）のロジックとは，実は十分な実証的裏づけを有してはいない，のである。というよりも，価格競争の末，競合する企業同士が壊滅的なダメージを被るというロジックとは，まさしく，経済学のテキストに登場する「完全競争企業（perfectly competitive firm）」を対象としており，そもそも，現実の企業活動にあてはめること自体，適切とはいえない。ところが，このように「競争戦略論」は，またしても伝統的な新古典派企業観に基づくロジックを持ち出しているわけであるが，それにもかかわらず，Porterとそのフォロワーが，現実の企業経営者や現場のマネジャーに向けて，実証的な裏づけも

38　延岡健太郎・伊藤宗彦・森田弘一（2006）「コモディティ化による価値獲得の失敗―デジタル家電の事例」榊原清則・香山晋編著『イノベーションと競争優位―コモディティ化するデジタル家電』NTT出版，21〜22頁。

ないままに，経済学のテキストに登場する企業が「業務効果」を採用した場合の問題を指摘するという構図は，あまりにも不可解である。

(3)「配分上の非効率性」と「X非効率性」

猪木（1987）には，次のような一文がある。

「事実経済学は長い間，企業そのもののもつ，市場や産業の調整過程における分析単位（ブラック・ボックス）以上の積極的な役割を解明しようとすることはなかった。すなわち，競争を通して主体的な均衡に到達する企業が，技術と要素価格を与えられたものとして生産を調整するという側面に分析を限定してきたのである。市場を開拓したり，経済的・技術的判断の誤りや非効率を敏感に発見し，それを正していく主体としての企業家というものに大きな関心をはらうこともなく，企業家の役割を静態的均衡の枠組の外へ置き去ってきたといえよう[39]。」

このような新古典派企業観への批判は，たしかに多くの経済学者が共有していた認識であったものの，では，いったいどのように企業を経済学のロジックの中で把握すべきか，という点については，これまで定まった方向性を見つけられずにいた，といえる。しかし，この点に関して，決して議論がなされてこなかったわけではない。むしろ，利潤最大化を目的とする新古典派企業観に取って代わる，新たな「企業の理論」の構築に向けた動きは，この間にも，着実に進展してきたといえる。たとえば，Aoki（1984）は，経済学における企業観について，「新古典学派」の伝統的な「ブラック・ボックス（black box）」から，「契約関係の束（a bundle of exchange relationships）」，そして，「交渉の場（a field of bargaining）」へと，着実に変化していくその過程を次のように描写している。

「新古典学派は，体系的な市場の理論を発展させてきた。しかし，それは整合性ある一貫した企業の理論を欠いている。企業の理論というタイトルのもとに扱われている材料は，実際には，『ブラック・ボックス』としての企業が重要な行為者であることをみとめたマーケットの理論に

39　猪木武徳（1987）『経済思想』岩波書店，24頁。

すぎないように思われる…（中略）…最近力を増してきてはいるものの，企業は依然として，単なる契約関係の束としてみなされている。もちろん，それらの契約関係は，たとえば権限の受容と固定的賃金の保証との交換に関するような，特別なものとしてとらえられてはいるが。そして，企業家は，依然として剰余生産物の唯一の便益者として想定されている。しかし，…（中略）…いくつかの新古典派的論理構築物，たとえばリスク・シェアリングとか，数量メカニズムとか，監視といった問題を論理的に追求していくと，従業員と雇用者とは，互いの協調によって独特の利得を生成することができると結論しうるように思われる。従業員は彼らに満足のいく協定がえられないならば協力をやめるということを効果的に威嚇しうる，と付加的に仮定するならば，雇用者と従業員のあいだにおける企業に特有の利得のシェアリングが論理的な帰結として生じてくるであろう。かくして，企業を，剰余にたいする権利の市場化可能性，すなわち株式機構，によって補完された契約関係の束としてみるよりは，従業員集団を含んだ企業に特有の資源保有者のあいだの一種の交渉の場として特性づけることの方が，よりふさわしいと思われる。したがって，そこには剰余の最大化というような企業の唯一の目的は存在せず，従業員集団を含んだ企業に特有な資源の保有者のさまざまに異なった目的が，協調的な関係の枠組のなかで一種の均衡状態にまでもたらされる，そうした交渉のプロセスを，新古典派的ブラック・ボックスは内生化しているとみなすべきではなかろうか。[40]」

　新古典派の想定している，いわゆる「ブラック・ボックス」としての企業観とは，繰り返し述べてきたように，あたかも機械装置のようなものである。よって，そこには，企業にとって不可欠な存在でありながら，どこを探したとしても，“人間”の姿を決して確認することはできない。しかし，近年の経済学における企業観とは，積極的にその内部に人間的要素を加え始めるわけであるが，それは従来の企業観に，限定された合理性での意思決定や，不確実に発生する組織内での非効率性の各要素が，新たに付け加えられていくこ

40　Aoki, (1984), *op. cit.*, pp.32-33. （邦訳，63～64頁）

とを意味している。そして，今日，「一種の交渉の場」と解される企業にお
いては，その内部で多様な駆け引きが行われ，その「交渉」の結果如何によ
っては，企業を構成する「諸集団のモザイク」が，時として利潤最大化以外
の目的関数を追求し始めることになる。[41] それは，近年の経済学における企業
観が，従来の最小費用・最大利潤の前提から，「内部管理構造の問題」の発
生を不可避とし，むしろ，「最大限の効率性が達成されていないのがふつう」
であるとする，[42] 前出の Leibenstein（1978, 1987）の指摘する X-非効率性の
存在を前提とするような企業観へと，まさしく，新たに生まれ変わりつつあ
ることを意味しているように思われる。たとえば，Leibenstein（1976）には，
次のような一文がある。

　「議論の展開を容易にするために，企業は他の企業との交渉において
は，市場決定だけを，すなわち産出物や投入物の売買にかかわる決定だ
けを行うものとしよう。しかし，企業は多くの人たちから構成されてい
る。そのような企業の中の各個人は，自分自身もまた市場決定にだけか
かわる立場にあると考えるであろうか。ここでは，二つの接近方法が可
能である。一つは，すべての個人が，彼の行動が企業の行う市場決定と
一貫するように行動すると前提することである。これは，あたかも企業
が市場の市場的な意思決定機械のようなもので，各個人は，その機械の
機械的な動きの中で適切な役割を果たす部品のようなものだというに等
しい。こうした適切な役割を果たさない個人は，それを果たす個人によ
って置き換えられてしまう。これは，企業を機械的な時計仕掛けとみる
見方にほかならず，すべての部分が，時計の針が正しい時間を示すよう
に働くのだ。しかし，企業内で働いたことのある誰もが知っているとお
り，これは実態とは程遠い描写と言わざるをえない。個人が他の個人の
活動と調和的に動く能力には限界があるし，個人は誰もが自分自身の意
思をもっている。そこで，問題をいわば逆の方向からつめていったほう
がよさそうである。出発点としては，個人が組織の構成員であることか
ら始める。ところで，組織の内部では，非常に数多くの非市場的行動の

41　Leibenstein, (1987), *op. cit.*, p.175.（邦訳，219頁）
42　青木・伊丹（1985），前掲書，岩波書店，22頁。

余地がある。組織の内部が市場のように運営されるという理由はないのであって，事実，企業の内部はそうは動かない。したがって，一部は非市場的であるような選択を行う個人から出発し，そのうえで，個人の行動の結果を集団の行動にまとめていく手順をとることが興味深いと思われる。さらにそこから，集団の行動をまとめて組織（すなわち企業）の行動を把握するというふうに進むべきであろう。[43]」

　この点に関連して，Leibenstein（1976）は，たとえ「投入物」が「生産主体」へと「配分」されたとしても，それを「『効率的に』活用すること」は「まったく別のこと」である，とも指摘している。従来の経済学が問題視してきたものが，「配分上の非効率性（allocative inefficiency）」であったのに対し，新たに「企業の理論」が問題視しているものは，「X非効率性」についてである。「X非効率性」とは，まさしく，「投入物利用にあたっての極大効果と現実の有効性とのあいだの差にほかなら」ず，いわば配分された後の"活用上の非効率性"，を意味している。この場合の「活用（use）」の「主体」が，厳密には，「投入物を出来うるかぎり効果的に使」うことのできない，あるいは，そうしようともしないかもしれない，まさしく，"生身の人間"であることは，いうまでもない。

　　「X非効率性は配分上の非効率性と対比される。投入物ないしは生産要素は，利用されるべく配分されるべきところへ配分されているかもしれない。しかし，そこで関連ある決定ないしは活動の主体がその投入物を出来うるかぎり効果的に使わねばならぬと仮定する必要はない。われわれがX非効率性の度合で示そうとするのは，投入物利用にあたっての極大効果と現実の有効性との間の差にほかならない…（中略）…投入物を生産主体に配分することと，それを『効率的に』活用することとは，まったく別のことなのだ。投入物利用というのは，数多くの複雑な問題を内包している。しかし，ここでの素描のためには，時間および速度の次

43　Leibenstein, H., (1976), "Micro-Micro Theory, Agent-Agent Trade and X-Efficiency," in Dopfer, K., (ed.), *Economics in the Future: Toward a new paradigm*, Macmillan Press, pp.56-57.（土志田征一訳「ミクロ・ミクロ理論，代理人対代理人取引およびX効率性」都留重人監訳『これからの経済学―新しい理論範式を求めて』岩波書店，1978年，114～115頁）

140

元での利用の仕方をみれば十分であろう。たとえば，一日中ぶっ通しの作業と一日当たり何時間というふうに限定された作業とを比較してみるとよい。ある工場への労働力の配分やその工場への機械の割当だけでは，結果としての産出高を決定することはできないのである。[44]」

つまり，Aoki（1984）やLeibenstein（1976）による，近年の「企業の理論」を前提とするならば，そこから描き出される企業観とは，次のようなものとなったはずである。すなわち，企業とは，インプット活用上に際しての非効率を個別に内在しているため，たとえ，同じ「業務効果」を投入したとしても，その成果の度合は，それぞれに千差万別となり，よって，そこには必然的に優劣の差も生まれてくる，というものである。しかし，Porterとそのフォロワーが，自らの理論のロジックを突き詰めていく過程において，こうした新古典派以外の企業観に触れる機会は，残念ながら，一度もなかったようである。

4-4 小括

本章では，現代企業の代表的な戦略理論の1つに数えられる，Porterの「競争戦略論」を取り上げ，そこでの「業務効果」に関する議論の理論的矛盾を明らかにすることを通じて，内部非効率性概念の重要性を再確認することを目指したわけである。Porterやそのフォロワーが，「競争戦略論」なる新しい研究分野の確立にあたり，「経済学における一般的な仮定」に対して，あまりにも従順であったことは，皮肉にも，現実の企業経営における「業務効果」への評価を見誤る結果をもたらしたといえる。

しかし，見誤っていたのは，それだけではない。そもそも，近年の「企業の理論」をまったく顧みることなく，伝統的な新古典派企業観を無批判に踏襲したこともまた，競争戦略論自らが理論としての精度を落とす結果を引き起こしている。つまり，「競争戦略論」とは，いわば二重の意味での"誤謬"を包含したまま現在に至っている，と考えることができるのであり，こうし

---

44 *Ibid.*, p.59.（邦訳，119〜120頁）

第4章　現代企業の戦略理論と内部非効率性：「競争戦略論」における2つの誤謬　141

た点にこそ,「競争戦略論」の理論的限界の一端を指摘することができるように思われる。

　では,Porter（1996）において,Aoki（1984）が指摘したような,近年の「企業の理論」の知見が援用されていたならば,その後の「競争戦略論」の主張には,何らかの変化が見られたのであろうか。筆者としては,そうした可能性は,やはり,低かったと考える。というのも,いずれにせよ,「業務効果」とは,「競争戦略論」において,はじめから否定される役割を背負わされていた,と考えられるからである。なぜならば,「戦略」こそが唯一の「競争優位」であるとの主張は,Ansoff以来の戦略論研究における,まさしく基本的な理論視座そのものだからである。

　また,「業務効果」の否定とは,実際に行われている,さまざまな企業努力を否定することであり,こうした主張に対する現場からの反発の声を想像することは,決して難しいことではない。しかし,実際に働く人々にとっては,「競争の激しい状態」の中で追求する「業務効果」より,「戦略」の成功によって生まれる「競争のゆるやかな状態」の安定性を説く,そうした「競争戦略論」の主張の方が,むしろ,心情的にも受け入れやすいものであったかもしれない。

　日々の仕事や自らの組織の中に非効率を見出し,そして絶え間なく改善していくという作業に向き合い続けるということは,企業組織に働くすべての人々に対して,結果的に"経済人"としての合理性を求めていることと同じである。それは,"生身の人間",すなわち,"経営人"に対して,機械やコンピュータのような機能を求めることであり,大変なストレスや緊張,そして労苦を伴う作業にほかならない。しかし,こうした内部非効率性の改善という,実行する側にとって高負荷な作業を,いかに完全なものへと近付けていけるかに,現代企業のイノベーション達成の可否が委ねられているということも,また事実である。

　次章では,内部非効率性の改善に向けた一例として,前出の米国多国籍企業GEの事例を再び取り上げる。実際の企業組織における非効率性の具体的な姿を明らかにすることを通して,イノベーション達成における内部非効率性の問題の重要性を,改めて浮き彫りにすることを目指したい。

142

第5章

現代企業の組織変革と内部非効率性：
GE Healthcareの事例を中心に

5-1 問題の所在

　企業の存続と成長にとって，イノベーションの果たす役割は，近年ますます大きなものとなりつつある。しかしながら，本書の指摘する内部非効率性の存在は，企業の内側からイノベーションの達成を阻んでしまう。そして，そうしたイノベーションの未達成の過程は，必ずしも明示化されることはなく，とくに企業の外側からは，一見すると何も起こっていないかのように映し出されてしまうため，これまで観察対象とされる機会は，ほとんどなかったと考えられる。企業家精神の所在が，内部非効率性の存在なくしては認識できないのに対して，内部非効率性の所在とは，たとえば，イノベーションの達成などによって，初めて企業外部の観察者にも認識が可能となる。なぜならば，その過程において行われているのは，まさしく，企業に内在化された非効率の改善であり，その結果，ようやく，外部に向けても，その非効率の詳細が明らかにされるからである。時にその内容は，大きく喧伝されることもある。企業にとって，自らのイノベーションの成功が誇らしいものであればあるほど，成功を勝ち取るまでの過程で直面し，最終的に克服した課題の大きさや困難さなどの内部情報が，むしろ，積極的につまびらかにされる傾向にあるといえる。GE HealthcareのLGTのケースは，その最たるものであろう。

　本章では，企業の内部組織に潜む非効率性が，何を契機として発生し，そして，どのようにして改善されていったのか，その過程を明らかにすることを行う。すなわち，イノベーション達成に向けた「組織変革（organizational change）」の具体的な取り組み事例から，改めて内部非効率性の所在とその中身を明らかにしようというのが，本章の狙いである。また，その際には，

Merton（1957）の「機能主義（functionalism）」の議論を援用することで，企業組織における内部非効率性の理論的解釈についても，同時に明らかにすることを目指している。

5-2 顕在化する「内部非効率性」：
「組織慣性力」への動態的理解

（1）「組織慣性力」とは何か

　企業の国際化を，組織の国境を超えた大規模化という，一種の「組織変革」として把握し直すとすれば，そこに至る過程では，相応の「努力と費用」が当該企業の内部において必要とされてきた，と考えることができる。つまり，「MNC」であればこそ，その「組織化」に際しては，いわゆる，「組織慣性力（organizational inertia）」の形成が不可欠とされ，その確立によって初めて，「巨大複合組織」での「ルーティン業務や構造化された行動を維持する」ことが可能となる，と考えることができる。ここでの「組織慣性力」とは，企業組織を存立ならしめる原動力の意にほかならない。また，このとき，「組織慣性力」とは，まさしく，効率的の意として解されていることになる。そして，それは，「多くの努力と費用をかけてこそ得られるもの」，ともされている。

　　　「多国籍企業の組織メンバーは，人間関係，上下関係，日常の問題や仕事を毎日処理していくために，自らをどのように組織化しているのだろうか。人間関係，命令系統，交換ネットワークといった組織構造が，何の努力をしなくても，日々改善されていくのが当然のことだと思うのは間違いである。いかなる巨大複合組織においてコミュニケーション構造を維持していくためには，たえずそれらが活用されていることが不可欠である。われわれが友人と電話するのも，情報を交換するというより交流を持つことに重点があるように，コミュニケーション構造を活用することの目的の１つは，それを維持することにあるといえる。こうした社会的再生産は手間のかかる仕事である。MNCではさらに困難なものとなる。というのも，この仕事は国境を超え，文化の違いを超えて実現され

なければならないからである。互いに結び付きのあまり強くない子会社同士が国境を超えてビジネスを行っているMNCでは，ルーティン業務や構造化された行動を維持するために，組織慣性力は，多くの努力と費用をかけてこそ得られるものであるといえよう…（後略）[1]。」

しかし，いつしか企業環境も変化し，再び新たな「組織変革」に向けて企業が動き出そうとする際には，こうした既存の「組織慣性力」が，今度は逆に，その障害へと変貌している可能性を，決して排除することはできない。なぜならば，「組織年齢の上昇」や「組織規模の拡大」とともに，「組織慣性力」もまた「強化」されるため，結果的に「組織変革の可能性」が「減少する」，と考えられているからである（図表5-1参照）。ここでの「組織慣性力」とは，「組織変革」に抵抗する原動力の意にほかならない。つまり，このとき，「組織慣性力」とは，今度は，非効率的の意として解されるのである。

「慣性理論によれば，構造慣性とは，組織の年齢および規模とともに変化する。歴史の古い組織は，関係性を形式化し，ルーティンを標準化するために時間を費やしているからこそ…（中略）…構造の安定性は，組織年齢とともに単調に増加している。この増加した安定性のもう一つの側面とは，変化に対する耐性を高めることである。すなわち，慣性もまた，組織年齢とともに単調に増加する…（中略）…その結果，コア部分における組織変革の可能性は，組織年齢の上昇とともに低下する。組織規模もまた，変化に対する耐性と関連している…（中略）…組織規模が大きくなるにつれて，予測可能性，形式化された役割，そして制御システムは，それぞれ強化されていく…（中略）…組織行動は，予測可能で，硬直的かつ柔軟性に欠けたものとなる…（中略）…その結果，コア部分における組織変革の可能性は，組織規模の拡大とともに減少する[2]。」

1　Kilduff, M., (1993), "The Reproduction of Inertia in Multinational Corporations," in Ghoshal, S. and Westney, D. E., (eds.), *Organization Theory and the Multinational Corporation*, The Macmillan Press, p.259.（岩崎尚人訳「多国籍企業における組織慣性力の再生産」江夏健一監訳・IBI国際ビジネス研究センター訳『組織理論と多国籍企業』文眞堂，1998年，325頁）

2　Kelly, D. and Amburgey, T. L., (1991), "Organizational Inertia and Momentum: A dynamic model of strategic change," *Academy of Management Journal*, Vol.34, No.3, p.594.

第5章　現代企業の組織変革と内部非効率性：GE Healthcareの事例を中心に　145

図表5-1　組織慣性理論の基本視点

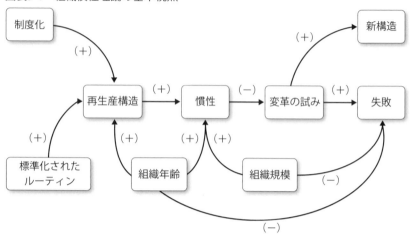

出所：Kelly, D. and Amburgey, T. L., (1991), "Organizational Inertia and Momentum: A dynamic model of strategic change," *Academy of Management Journal*, Vol.34, No.3, p.593; Larsen, E. and Alessandro, L., (2002), "Representing Change: A system model of organizational inertia and capabilities as dynamic accumulation processes," *Simulation Modelling Practice and Theory*, Vol.10, p.274, を参考に筆者作成。

　たしかに，「予測可能性」や「制御システム」などの「強化」が図られてこそ，企業としての「構造の安定性」が保たれると考えられるが，既存組織からの変革が志向されるようになると，そうした「安定性」の認識は，一転して企業組織の内部非効率性へと変化を余儀なくされることになる。「組織慣性力」とは，一方では，「組織変革」を受けて形成され，変革後の組織を安定化させる原動力であり，他方では，新たな「組織変革」に抗う原動力となり，ついには破壊すべき対象として認識される，そうした多面的な概念であるといえよう。そして，こうした議論は，前出の「官僚制の逆機能」の内容を彷彿とさせる。

　「大企業の長所の一つは，その資源のおかげで現状維持能力が向上することにある。同時に，大規模化の短所としては，官僚制が確立するために，企業家的な機能に対して注意をはらうことができなくなることである。変化は官僚主義者を打倒し，それに固有な確実性と一貫性のパタ

図表5-2 組織変革，組織慣性力，そして内部効率性（左）・内部非効率性（右）

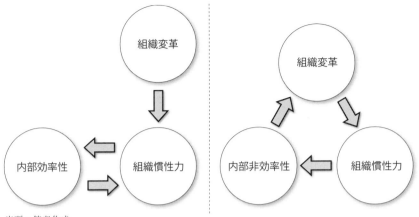

出所：筆者作成。

ーンを粉砕する。組織が大規模になればなるほど，企業全体にとって社外の機会や成果を犠牲にして，社内事項（コミュニケーション，手続き，事務処理，問題など）に集中する傾向がますます強まるのである。³」

つまり，「現状維持能力が向上すること」こそ，「多くの努力と費用をかけてこそ得られるもの」としての「組織慣性力」の意であり，逆にそうした「組織慣性力」の「安定性」ゆえに，「企業家的な機能に対して注意をはらうことができなくなる」，とも考えられるわけである。また，「組織規模が大きくなるにつれて」，「変化に対する耐性」が「高」まり，「組織行動は，予測可能で，硬直的かつ柔軟性に欠けたものとなる」ために，「社内事項（コミュニケーション，手続き，事務処理，問題など）に集中する傾向がますます強まる」，ともされる。「組織変革の可能性は，組織規模の拡大とともに減少する」，というわけである。

これまでの議論を整理した概念図が，図表5-2である。左図は，まず，なんらかの「組織変革」が起こされた結果，そこから適合する「組織慣性力」が構築され，そして，それが効率を発生し続ける，というイメージを表現している。効率的に機能し続ける限り，組織構造も安定し続けることになるため，

---

3 Flaherty, J. E., (1979), *Managing Change*, Nellen Publishing Company, p.18.（中村元一・大河内信司訳『企業家精神と経営戦略』日本能率協会，1980年，29〜30頁）

新たな「組織変革」については，特段必要とは考えられていない。次に右図では，左図とは逆に，まず，なんらかの「組織変革」が起こされた結果，それに既存の「組織慣性力」が拒否反応を起こし，そして，それが非効率を発生し続ける，というイメージを表現している。非効率的に機能し続ける限り，さらなる「組織変革」が求められ続けることになるため，「組織慣性力」への圧力が弱まることもない。

　両図を見比べてみると，最終的に効率・非効率を決めているのは，「組織慣性力」であることがわかる。そのことは，つまり，「組織慣性力」の中身とは，決して固定化されてはおらず，だからこそ，多面的な存在であり得ている，ということである。この点に関連して，Kilduff（1993）は，一般的な「設立時の刷り込みがもたらした結果」としてではなく，むしろ，「組織内部の内的緊張のバランスがもたらした結果」として，「組織慣性力」を理解すべきである，との見解を示している[4]。「組織慣性力」の中身を，「組織内部の内的緊張」と位置づけ，最終的な結果（＝効率・非効率）が「バランス」によって決まるとする指摘は，興味深い。動態的な概念として，「組織慣性力」をとらえようとしている視点，といえよう。では，現実の企業の「組織内部」において，こうした「組織慣性力」とは，具体的にどのような場合に「内的緊張」を引き起こし，そして，その「バランスの結果」とは，どのような場合に内部非効率性を導くのか。こうした諸点について，先行事例の研究を参考に，再確認することとしたい。

(2)「日本企業の国際化」と「内部非効率性」

(a)　「国際化プレミアム」という「内部非効率性」

　伊丹（2004）は，「日本企業の国際化」という「組織変革」に伴い，従来までの国内中心型の「組織慣性力」が引き起こす「内的緊張」，すなわち，内部非効率性について，「企業内あつれき」という表現を使用しながら，その具体的なイメージとともに紹介している。

　　「国際化が進んでいく初期段階での企業の最初の対応は，国際化プレミ

4　Kilduff, (1993), *op. cit.*, p.263.（邦訳，330頁）

アムの支払いのマネジメントである。国内で同じような活動規模の拡大がある場合と比べて，国境を越えることによってそれだけ余分の負荷がかかりやすい。その余分の負荷として企業が支払わなければならないコストのことを，国際化プレミアムと呼ぶのである。国際化プレミアムは二つの異なった性格のプレミアムからなっている。一つは，複雑さのプレミアム，とでもいうべきものである。国境を越えれば，言語がかわり，市場構造がかわり，商慣習がかわり，文化がかわる。二つの国にまたがって企業活動をすれば，二つの異なった環境に対応するというだけの理由で，一つの環境に対応しているだけの国内の場合より当然それだけ複雑さが増すのである。その複雑さに対処するために，環境の理解，コミュニケーション，学習，判断などに余分なコストがかかる。いわば，複雑さの代価である…（中略）…国際化プレミアムのもう一つの性格は，引き裂かれプレミアム，とでもいうべきものである。企業活動が国境を越えることにより，その活動が現地であるいは本国で，企業活動の直接間接の関係者をみえない形で微妙に引き裂いていく…（中略）…その引き裂かれへの代償として，企業がなんらかのコスト負担を直接間接にしなければならない場合がある。そのコストが引き裂かれプレミアムである[5]。」

　文中に登場する「国際化プレミアム」とは，「国境を越えることによって」，かかりやすくなる「余分の負荷」，すなわち，「企業が支払わなければならないコスト」の意とされるが，さらに，その中身は，「複雑さプレミアム」と「引き裂かれプレミアム」に大別されるという。前者は，「複雑さの代価」の意として，後者は，「引き裂かれへの代償」の意として，それぞれ位置づけられている。伊丹（2004）によると，前者の「複雑さプレミアムの問題」の場合は，「基本的にコミュニケーションと学習の問題」であり，よって，「技術的な解決のありうる問題」とされるが，後者の「引き裂かれプレミアム」の場合は，「利害対立」や「アイデンティティ」，「感情的反発」といった「問題」へと発展しやすく，その扱いが「むつかしい」とされている。つまり，その

5　伊丹敬之（2004）『経営と国境』白桃書房，138～139頁。

「支払い」そのものが「むつかしい」ために，相応の「マネジメント」が必要となる，というのである。[6]

　「…プレミアムの支払いはむつかしい。その第一のむつかしさは，支払いの仕方での，支払われる相手の立場を考えた必要な細かい配慮の多さ，である。とくに引き裂かれプレミアムにそれがいえるのだが，支払いすぎると，感情的にかえって反発をされる。あるいはバカにされる。ときには，過大なプレミアムをますます要求され，くいものにされてしまう。しかし，支払わないと不満がくすぶる。プレミアムを小さくしようと思うと元も子もなくなることもある。また支払い方に相手の面子を考える必要もある。面子を気にするのは，決して日本人だけではない。さらにカネだけで解決しようと思うとだめである。名誉も尊厳も大切なのである。しかしカネの支払いがなくても具合がよくない。要は，トータルバランスの総合配慮が必要なのである。だから，むつかしい。プレミアム支払いの第二のむつかしさは，国内組織への打ち返し，あるいははね返りである。それは，複雑さプレミアムにしろ，国内のマネジメントにはあまりないもので，国内中心につくられたマネジメントの仕組み，管理体制をもっている企業にとっては（そういう企業が日本にはまだ多い），ノイズあるいは攪乱要因になるからである。海外ではこんなプレミアム支払いをやりたい，しかし国内の管理組織とどうも企業内あつれきが生まれてしまう，というわけである。こうした企業内あつれきには，二つの性格がある。一つは，企業の国内中心の管理体制との不整合部分が生まれることである。不整合がもっとも厳しく表面化するのは，人事の制度である。たとえば，アメリカで雇用する優秀な人材に現地子会社での昇進以上の道を用意しなければ彼らがくさる。あるいは優秀な人材がそもそもきてくれない。しかし，彼らをそれ以上昇進させるには日本での人事のルートに乗せる必要があるが，そこで問題が生まれる。彼らが日本で仕事をするとしたら，言葉の問題をどうするのか，彼らの給与体系はアメリカの労働市場の常識を反映したものだが，日本では年功制がも

6　同上，141頁。

っときつく，彼らの望むような給料は日本の体系にのっとるかぎり払えない。とすれば，アメリカサイドで不満が大きくなる。原理的には，まず複数の管理体系が一つの企業の中に存在せざるをえないことを認めたうえで，その接続部分（インターフェイス）をどうマネジメントするかを考えるべきである。無理に統合しようとすべきではない。しかし，こうした海外からの問題提起がじつは日本国内における管理のあり方の弱点の本質をついたものであることも多く（たとえば，いつまでも年功を大きな要素としていていいのか），かなり意味のある打ち返しになるであろう。プレミアム支払いがもたらしかねない打ち返しとしての企業内あつれきの第二のものは，俗ないい方をすれば国際派と国内派とのあつれきである。国内の事情しか知らないヒトにはときとしてプレミアムの支払いのある部分が理解できず，そんな支払いが必要になるのは海外のマネジメントが腰抜けだからだ，などという元気のいい意見が出てきたりしてしまう。あるいは，プレミアムの支払いを社内的に認めさせるプロセスで国際派の人々が孤立感をもつこともあろう。逆に，そうしたことが認められることで妙な優越感が社内のある種のグループに生まれたりする（たとえば，羽振りのいい国際派社員）。いずれの企業内あつれきも，それをゼロにすることは不可能であろう。それよりは，プレミアムの支払いにはその種の打ち返しがつきものと思って，その建設的解決策を上乗せするあるいはむしろ打ち返しを逆手にとって国内改革につなげる，と考える方がいいだろう。[7]」

　つまり，なんらかの「プレミアムの支払い」という意思決定が実行された後も，当事者が所属している組織とそれ以外の組織との不協和といった，いわゆる，「企業内あつれき」の発生が不可避となる，というのである。それは，結局のところ，どのような「マネジメント」を介在させたとしても，「企業内あつれき」を「ゼロにすることは不可能」，という意味であるとされる。そもそも，「組織慣性力」についても，「組織内部の内的緊張のバランスがもたらした結果」として解されていたように，「内的緊張」そのものは決して完全に

7　同上，150〜153頁。

第5章　現代企業の組織変革と内部非効率性：GE Healthcareの事例を中心に　151

消散するわけではない。現状維持の「バランス」が崩された際には，たしかに，「組織変革」が進むことは事実であるものの，しかし，「組織慣性力」そのものは，あくまでも「組織内部」に伏在し続ける，ということである。

(b) 「NIH症候群」という「内部非効率性」

　岩田（2007）は，「日本企業のグローバル・イノベーションの戦略的プロセスおよび組織的メカニズムの全体像を明らかにする」ことを目的として，電機（松下電器産業，NEC，東芝，三菱電機），自動車（トヨタ自動車，本田技研工業，日産自動車，マツダ），化学・医薬品（住友化学工業，エーザイ，三菱化学，日立化成工業，大塚製薬），その他（キヤノン，HOYA）の計15社25拠点を対象に詳細な「質問票調査」を行っている。[8]その結果の1つに，「日本親会社が海外子会社の研究開発をあまり知らない」，というものがあるのだが，岩田（2007）は，そうした「背景」として，「日本親会社以外の研究開発の価値を認めないこと（Not Invented Here：NIH），距離的な問題，無関心など」を挙げており，とくに，「NIH症候群」については，後出の「事例研究」からも十分にその影響力の大きさを追認し得る，との見解を示している。[9]

　　「台湾松下では，次のような状況がみられた。まず，おかゆだき炊飯器の開発に際して，日本側ではそう簡単にできないだろうということで海外子会社の遊び程度にしか考えていなかったが，実際に商品ができ，発売できる時点になり認識を一新し，同時にいろいろと注文をつけてきたということがあった。海外子会社は，自主開発により，現地化を進め大いに意欲が高揚できたが，反面このことを素直に認めず，喜ばず，枝葉末節のことでいろいろと難題を提出してきた事業部に，何か国際化の遅れというかフィーリングの合わないものを強く感じたという。自主開発を行い，具体的に成果といってもほんの少しの成果であったが予想以上に反響は大きく，自主開発力をつけ自主経営の力ができてくると日本本社および関係事業部との関係が微妙に変化してきたとしていた。今まで

8　岩田智（2007）『グローバル・イノベーションのマネジメント―日本企業の海外研究開発活動を中心として』中央経済社，39〜40頁。

9　同上，237頁。

は子供と考えて何事にも無理を聞き，支援してくれていたが，日本の関係事業部はある意味で対等の相手という態度に変化してきた。現地で開発した技術を日本では素直に受け入れて商品開発をすることには強い抵抗感があり，日本における関係事業部の技術陣の自尊心や面子から，いっさい採用しなかったという状況がみられた。このことは事業部のトップに立つ人の考え方により非常に大きな差があるが，責任者が真にグローバルな意識をもっていれば，もっと積極的に自由に海外開発技術を受け入れていくことができるとしていた。また，中国語ワープロの開発に際して，松下電器技術開発で中国語ワープロのソフト開発をし，ハードを台湾松下電器で開発するという共同開発プロジェクトを組み開発を行ったが，さまざまな問題に直面しこのプロジェクトはうまく動かなかった。その際の１つの問題として，ソフト開発の人びとは大半がアメリカなどからの留学帰国者であり，何かにつけて優位に立とうとし，うまく行かないのは台湾松下電器のハード技術者のレベルが低いことによるものだとの指摘がなされたことかあった。しかし，最大の原因はソフト技術者がハードを知らないことから起こるトラブルだったという。[10]」

つまり，「おかゆだき炊飯器」の事例からも明らかなように，結果的に「親会社」である「松下電器産業」（現パナソニック）は，「海外子会社」である「台湾松下電器」の「研究開発」の「成果」に対して，「いろいろと注文をつけてきた」り，「いろいろと難題を提出してきた」りと，その「価値を認めない」という行動によって，まさしく，「親会社」自らが内部非効率性として"機能"した，ということになる。

しかし，こうした非効率の発生事例が，外部に対して示されることは，めったにない。通常，企業自らが積極的に，こうした「企業内あつれき」を公開するインセンティブなど，どこにもないからである。イノベーションの達成を阻む非効率とは，このようにして企業の内部組織から発生し，そのほとんどが組織を構成しているパワーによって掻き消され，表面化することなどほとんどない，と考えられる。換言すれば，イノベーションの萌芽事実そのも

10　同上，237～238頁。

第5章　現代企業の組織変革と内部非効率性：GE Healthcareの事例を中心に　153

のを消し去るだけでなく，イノベーションを「打ち消し合う力」として"機能"した内部非効率性の発生事実をも完全に消し去ってしまう，ということである。

　繰り返し指摘してきたように，現実の企業とは，経済学のテキストに登場する新古典派企業とは異なり，その内部にさまざまな非効率性を抱え，だからこそ千差万別な存在としてあり得ている。その意味においては，上記の松下電器産業のような企業行動は，決して特別なものとはいえないかもしれない。いわば，企業の「日常性」とは，日々の機会損失（opportunity loss）を見て見ぬふりをし続け，そして掻き消し続けることの連続である，といえるかもしれない。

　次節では，改めてGE Healthcareの事例を取り上げ，「組織変革」と内部非効率性の視点から，再検討を行う。というのも，当該事例こそは，「組織内部の内的緊張のバランスがもたらした結果」である内部非効率性が，ある「組織変革」によって改善されていく過程をつぶさに追った，貴重なケースとして位置づけられるからである。

5-3「内部非効率性」と「組織変革」: 機能主義アプローチの援用可能性

(1)「打ち消し合う力が混在する組織」における「対立の解決策」

　2004年当時，GE Healthcareのインド事業の責任者であったRajaにとって，後に世界を驚かせた小型超音波診断装置をめぐるサクセス・ストーリーのスタートは，まずは「グローバル組織でもっと高い地位にある，アメリカ本社のゼネラル・マネジャーの注意を引き付け」ることであった[11]。それは，具体的には，「グローバル担当上級幹部」との話し合いに用意することができた，極々限られた僅かな「時間」を使って，いかに「インドの地方のヘルスケアのニーズを理解」してもらうか，というものであった[12]。しかし，そもそも，Rajaの「役割」は，「主にインドでGEのグローバル製品を販売し，流通させ

11　Govindarajan and Trimble, (2012), *op. cit.*, p.51. （邦訳，87～88頁）
12　*Ibid.*, p.51. （邦訳，88頁）

154

ること」であり，「彼の公式の責任範囲」に「製品開発」など含まれていなか
った[13]。なんとか，この難題をクリアし，次にRajaを待っていたのは，巨大
多国籍企業GEの「各部門のリーダーたち」との折衝であった。

　　「ラジャの提案が十分に説得力を持っていた場合，各部門のリーダーた
　ちとその提案を共有するようにと言われるだろう。彼らとの話し合いは
　一筋縄ではいかないはずだ。グローバル組織の責任者にとって，シンプ
　ルで合理化されたグローバル製品のほうが，カスタマイズ製品よりも効
　率的だからだ。マーケティングの責任者は，安価な製品のせいでGEブ
　ランドが弱まり，既存のグローバル製品とのカニバリゼーションが起こ
　ることを懸念するだろう。財務の責任者は，安価な製品は全体の利益の
　足を引っ張ると主張するだろう。グローバル研究開発の責任者は，GEの
　最も洗練された顧客，つまり自分が欲しいものを正確に知っていて最高
　額を払ってくれる顧客向けのプロジェクトから，エンジニアをまわす理
　由を知りたがることだろう[14]。」

　Rajaの粘り強い努力によって，この「提案」は，無事に「承認」されるこ
ととなった。Rajaにとって，次に克服すべき課題とは，「市場調査」を行い，
「投資予算」を組み，「プラスの正味現在価値」を実現することであった。し
かし，「まだ存在していない製品について市場を創造しようとする場合，市場
調査を通して確実なデータを入手することは，ほぼ不可能」であり，「まし
てや，正確な投資対効果の計算などできるはずがない」ことなど，企業で働
く人々誰もが知っているにもかかわらず，そうしたプレッシャーをまともに
受け止めざるを得ない立場へと，提案者であるRajaは，このとき置かれてい
た[15]。「本来の担当業務」とともに，この新たな「提案」についても，同じく
「優れた成績」が求められていたわけである。まさしく，「あとは，すべてが
うまくいくように運を天に任せるだけだ」，という表現こそ，当時のRajaの
偽らざる気持ちそのものであったとされる[16]。

13　*Ibid.,* p.51.（邦訳，87頁）
14　*Ibid.,* p.52.（邦訳，89〜90頁）
15　*Ibid.,* p.52.（邦訳，90頁）
16　*Ibid.,* p.53.（邦訳，91頁）

「強大なグローバル企業では，貧困国でのイノベーションはこれほど
途方もなく難しいものなのだろうか——そのとおりだ。ラジャが直面し
た苦境はGEだけのことではなく，歴史あるグローバル企業ならば，ど
こでもよく起こることだ。少なくともグローバルに事業展開している企
業の観点から見れば，ラジャのような提案に対する反論は，すべて完全
に正当なものである…（中略）…ラジャの物語から，何を学び取れるだ
ろうか。厳格で統制のとれたかたちでグローカリゼーションに集中する
ことは，リバース・イノベーションにとっては克服しがたい障壁となる。
さらに，リバース・イノベーションにとっての最大のハードルは，科学
的なものでも，技術面でも，予算でもない。経営者や組織である。[17]」

　前述のように，結果的に当時のGEの「経営幹部」は，LGTという「組織管
理上の工夫」をもって，Rajaの提案に応えたわけであるが，問題は，やはり，
既存の事業部門である「グローバル事業部門」との「企業内あつれき」の発
生にあった。それは，具体的には，新設された「LGTのリーダー」と，既存
の「グローバル事業のリーダー」との「企業内あつれき」であった。なぜな
らば，「グローバル事業のリーダー」が，今日までのGEの発展に貢献してき
た実績の見返りとして獲得してきた，「一通りの事業運営能力と幅広い権限」
を，新設されたばかりで，なおかつ実績のない「LGTのリーダー」にも，同
様に付与されることが決定されたからである。

「組織上の障壁を取り払うための方法，少なくとも高いレベルでのソリ
ューションは，グローカリゼーションのためではなく，リバース・イノ
ベーションのために特別な組織単位をつくることである…（中略）…こ
うした特別な組織単位を『ローカル・グロース・チーム（LGT）』と呼
ぶことにする。LGTは新興国市場に物理的に存在する，小さな機能横断
型の起業家的な組織単位のことである。戦略を立案し製品やサービスを
開発するために，一通りの事業運営能力と幅広い権限を持っている。[18]」

　Govindarajan and Trimble（2012）は，ここからGEという同じ組織内に，
「LGTのリーダー」の"奮起"と「グローバル事業のリーダー」の"落胆"と

17　*Ibid.,* p.53.（邦訳，91頁）
18　*Ibid.,* p.53.（邦訳，92頁）

図表5-3 グローバル事業部門リーダーたちのLGTに対する反応

■ 不確実性が高く，すぐに成果が見込めない遠方のプロジェクトに，資本，時間，エネルギーなどの経営資源を配分するという考え方に疑問を呈する
■ 新製品やサービスは最終的に，既存の製品やサービスとの間でカニバリゼーションを起こすのではないかと懸念する
■ リスクの高いプロジェクトがもたらすおそれのある打撃から，グローバル・ブランドや顧客との関係などの重要な資産を守ろうとする
■ LGTへの継続投資の正当性を評価する手段として，計画の進捗や成果について定量的な測定指標を示すように要求する

出 所：Govindarajan, V. and Trimble, C., (2012), *Reverse Innovation : Create far from home, win everywhere*, Harvard Business Review Press, p.60.（渡部典子訳・小林喜一郎解説『リバース・イノベーション―新興国の名もない企業が世界市場を支配するとき』ダイヤモンド社，2012年，104〜105頁）

いう，相反した感情が生み出され，そして，それは次第に「日常的」な「対立」へと発展していった，と記述している[19]。たとえば，「LGTのリーダー」の胸の内とは，次のようなものであったとされる。

「――人生は素晴らしい！うちの会社はまさに必要なチームを編成できるように，私に権限を与えてくれている。グローバル資源や人材を提供して支援することを約束してくれている。私に期待されているのは，統制のとれたかたちで実験しながら，速やかに学習することだ――[20]」

これに対して，「グローバル事業のリーダー」の胸の内は，複雑であったはずである（図表5-3参照）。端的に言えば，それは，次のようなものであったとされる。

「――会社の決定で，私は重要な新興国市場を成長させる担当を外されたうえ，自分の部門から資本や優秀な人材を奪われてしまう。そればかりか，遠方で行われるこの小さな取り組みを支援することを，優先させろとまで言われている。間違いなく気が散って集中できないうえ，それが実を結ぶかどうかもわからない。言うまでもなく，日次，週次，月次

19 *Ibid.*, p.54.（邦訳，93頁）
20 *Ibid.*, p.54.（邦訳，93頁）

第5章 現代企業の組織変革と内部非効率性：GE Healthcareの事例を中心に　157

の計画や予算は，依然として守らなくてはならない。片や，LGTのリーダーはかなり大目に見てもらえるうえに，実験を行う特権まで与えられている！——[21]」

　こうして，GEの内部組織において，1つの「企業内あつれき」が顕在化することになったわけである。しかし，こうした「企業内あつれき」の発生を前にしても，「LGTを支持する」という意思決定を，GEの「経営幹部」が撤回することはなかったわけである。むしろ，「打ち消し合う力が混在」した組織内での「対立の解決策」として，GEの「経営幹部」は，「LGTを上級幹部の直轄」にするという施策をもって，組織全体に向けて，この「企業内あつれき」を封じ込める意思を明らかにし，その決定を即座に実行に移したのである。

　　「…LGTと社内の他の組織との間で，健全な協力関係を進展させることはなかなか難しい。リバース・イノベーションとグローカリゼーションは水と油のように相性の悪い取り合わせであり，二つが接する場所では対立が起こる…（中略）…LGTとグローバル事業のリーダーとの間の，どうしても避けられない（しばしば激しくなる）対立を当事者間で解決できるだろうと楽観視するのは，経験の浅い経営幹部ぐらいだろう。一般的に，グローバル事業のリーダーは，はるかに大きな経営資源を扱い，任期が長く，組織内に幅広い政治的なコネを持っている。加えて，グローバル・リーダーは短期のニーズを満たすために，既存顧客を安心させるという名目で経営資源を要求し，それを正当化できることが多い。これに対して，LGTのリーダーは予算規模が小さく，さほど経験もなく，影響力やコネもない。せいぜいできるのは，長期的な希望を抱かせることくらいだ。こうした人たちが，自力で意見や相違を乗り越えられるだろうと考えるのは，釘に対して，ハンマーとの違いをなんとかしろと求めるようなもので，失敗への近道である。より強い，打ち消し合う力が混在するとき，対立の解決策はLGTを支持すること以外にはない。LGTを上級幹部の直轄とすべき理由はそこにある[22]。」

21　*Ibid.*, p.54.（邦訳，93頁）
22　*Ibid.*, p.60.（邦訳，104～105頁）

図表5-4　LGTを監督する経営幹部が果たすべき職務

■　グローバル組織との間で価値ある関係を結ぶ 「経営幹部が関係づくりのおぜん立てをしなくてはならない」
■　LGTの資源を保護する 「資本面の長期的な予算に影響力を持つ経営幹部が統括しない限り，LGTは短期的な優先課題との競争に負けてしまうおそれがある」
■　グローバル組織に経営資源を追加する 「LGTは自発的に支援を求めざるをえない立場に置かれることが多いが，リバース・イノベーションが始まってLGTが小さいうちは，それが唯一の現実的なやり方だ」
■　業績評価を見直す 「業績評価で『新興国のLGTをどれくらい支援したか』を重視することを，明確に打ち出す。また，LGTがグローバル組織から得た支援の対価を，払えるようにすることも重要だ」
■　橋渡し役を担う人材を活用する 「外部人材は，白紙の状態から始めるLGTの精神を強化するのに重要な役割を果たすが，一方で内部人材は，LGTとグローバル組織が良好な関係を築いていくうえで非常に重要である」

出所：Govindarajan and Trimble, (2012), *op. cit.*, pp.60-62.（邦訳，106～108頁）

　たとえば，図表5-4には，「LGTを監督する経営幹部が果たすべき職務」について，具体的な記述をまとめている。その内容を端的に述べるとすれば，それは，いかにLGTを既存の内部組織から守るべきか，というものにほかならない。LGTの「価値を認めない」とする既存組織に対して，どのような「マネジメント」の介在が可能か，という問いに対して，GEが導き出した答えとは，そうした既存組織の反応を，まさしく，内部非効率性として改善の対象と位置づける，というものであったわけである。

　しかし，それでは，そうした施策によって，内部非効率性が完全に相殺されるかといえば，決してそうではない。前述したように，「企業内あつれき」を「ゼロにすることは不可能」だからである。つまり，内部非効率性とは，どのような施策をもってしても完全に排除することはできない，ということである。ただし，本節のGE Healthcareのケースでは，LGTの新設という組織

変革に伴う「企業内あつれき」に対し，そうした内部非効率性の改善に向けて，すべて「上級幹部」が矢面に立つことによって解決しようとしていたわけであるが，前節の松下電器産業のケースでは，むしろ，「親会社」自らが震源地となって発生していた「企業内あつれき」について，その責任を「海外子会社」へと転嫁するだけでなく，そうした一連の非効率の発生そのものを認識しようとすらしていなかった，といえる。換言すれば，GE が「組織慣性力」を何とか塗り替えようと，いわば，企業家精神を発揮したのに対し，松下電器産業は，既存の「組織慣性力」に流されるがまま，企業家精神を見殺しにした，ということになろうか。

いずれにせよ，こうして，「組織内部の内的緊張のバランスがもたらした結果」とは，まさに対照的な形として，それぞれの企業ケースの帰結を規定することとなったわけである。

(2) 内部非効率性分析への機能主義アプローチの援用可能性

では，そもそも，こうした「組織内部の内的緊張のバランス」とは，いったいどのようにして決まるのであろうか。換言すれば，それは，どのような場合には内部非効率性が改善され，またどのような場合にはそうならないのか，というメカニズムの問題ともいえる。

たとえば，GE Healthcare の LGT の事例とは，たしかに，内部非効率性の改善に成功したケースであるものの，その内実は，内部非効率性を改善させまいとする圧力に比して，内部非効率性を改善しようとする圧力の方が，たまたま優っていただけ，とも考えられる。同じく，松下電器産業の NIH の事例も，たしかに，内部非効率性の改善には失敗したものの，その内実は，内部非効率性を改善させまいとする圧力に比して，内部非効率性を改善しようとする圧力の方が，たまたま劣っていただけ，かもしれない。つまり，こうした組織変革の成否とは，内部非効率性を改善しようとする圧力と，逆に改善させまいとする（あるいは現状維持を望む）圧力との，まさしく，“せめぎ合い”の結果として把握することもできる，ということである。

これは，いわゆる，機能主義のアプローチともいえる。代表的な研究としては，Merton（1957）による「機能（functions）」に関する議論が挙げら

れるが，これを前出のGEのケースにあてはめるとすれば，内部非効率性を改善しようとする圧力が「機能的結果（functional consequences）」であり，内部非効率性を改善させまいとする圧力が「逆機能的結果（dysfunctional consequences）」となる。そして，それぞれの「組織変革」の成否が，「総結果の正味の差引（the net balance of the aggregate of consequences）」，ということになるだろうか。

　　「機能とは，一定の体系の適応ないし調整を促す観察結果であり，逆機能とは，この体系の適応ないし調整を減ずる観察結果である…（中略）…どのような場合であれ，項目は機能的結果と逆機能的結果とをともにもつので，総結果の正味の差引勘定を評量する基準を引き出さねばならない困難かつ重要な問題が生ずるであろう。[23]」

　こうした機能主義アプローチを援用した場合，内部非効率性の発生の仕組みとは，まさしく新古典派企業観への接近を志向する「機能的結果」と，そうした接近を阻む「逆機能的結果」の双方が，同じ組織内部に併存していることにより，その「バランス」をめぐる駆け引きが促され，最終的には，「逆機能的結果」が優勢な「総結果の正味の差引」として決着した，というものになる。

　このことを，より単純化した“損益”の問題として理解し直せば，最終的な“利益”という“結果”とは，あくまで，「機能的結果」の程度が，「逆機能的結果」の程度を上回っていた“結果”に過ぎず，“損失”という“結果”もまた同じく，あくまで，「機能的結果」の程度が，「逆機能的結果」の程度を下回っていた“差引”の“結果”に過ぎない，ということになる。また，結局のところ，“損益”という“結果”の如何を問わず，企業組織内部に非効率が発生してしまう理由とは，まさしく，「どのような場合であれ」，組織活動が「機能的結果と逆機能的結果とをともにもつ」ことに起因している，ということになる。そして，こうした分析視角の採用により，いかに非効率の発生程度を最小化していくのか，という教科書的な視点ではとらえきれない，現実の企業内部の姿を浮き彫りにすることが期待できるかもしれない。たと

23　Merton, (1957), *op. cit.*, p.105.（邦訳，46頁）

第5章　現代企業の組織変革と内部非効率性：GE Healthcareの事例を中心に　161

えば，新古典派企業観が非現実的であるとされる理由として，この"利益"という"差引"の"結果"のうち，費用最小化＝利潤最大化という条件をクリアしていない"結果"を，すべて排除してしまっていることが指摘されるように，現実の企業が抱える内部非効率性の実態に迫ろうとするとき，同じく，"利益"という"差引"の"結果"のうち，単純にプラスであることを前提とするならば，新古典派企業観では切り捨てられてしまっていた諸側面を，再び考察対象へと引き戻すことが可能となる，とも考えられるからである。

　しかし，機能主義アプローチの援用は，そうしたメリットだけをもたらしてくれるわけではない。内部非効率性の発生する仕組みについて，「組織内部の内的緊張のバランス」といった「組織慣性力」の視点との整合性を保持しながら，「機能的結果と逆機能的結果」の「総結果の正味の差引」というメカニズムとして提示し得るというメリットは，たしかに，機能主義アプローチの特徴ではあるものの，結局のところ，何が「機能」であり，それがどのようにして「機能的結果」となるのか，同じく，何が「逆機能」であり，それがどのようにして「逆機能的結果」となるのか，といった肝心な部分については，あくまで事後的にしか確認・評価できない，という厳然たるデメリットもまた，同アプローチの特徴として確認し得るからである。

　たとえば，前出したGEの事例も，機敏性に長けた技術変化を市場が受け入れ，生産と利潤の拡大が図られていったという意味では，紛れもなく，現代企業のイノベーションの成功ケースの1つに数えられるものの，その実態とは，LGTの新設に伴う内部非効率性の発生を，トップマネジメントによる強権発動によって，幸運にもなんとか抑え込むことに成功した一ケースに過ぎない，ともいえる。なぜならば，こうしたGEによる「組織変革」の成功例さえも，それが事後的には「機能的結果」であったことが確認・評価できるものの，その過程においては，前出の図表3-3において示された「経営者の自己利益」，たとえば，「経営者の自由裁量投資支出として，すなわち企業の全般的な発展にとって不可欠であると言い訳されるような経営者肝いりのプロジェクト」では決してないと，つまり，「逆機能的結果」をもたらすものでは決してないと，誰も事前に判断することなど不可能，だからである。

　「決まりきった仕事を繰り返し，つねに同じ環境で働いている社員に，

柔軟な発想を期待するのは難しい。柔らかな頭で考え，行動できるように
なるには，新しいアイデアを試す時間と，直観が刺激される空間が必要
だ。グーグルは，ひらめきを得られる十分な時間を社員に与えるために，
勤務時間の構成に，70：20：10モデルを採用している。すなわち，勤務
時間の70％を本来の業務に，20％を関連プロジェクトに，10％を本来の
業務とは全く関係のないプロジェクトに充てるということである。グー
グルマップやGメールなど，同社が成功を収めた多くのイノベーションは，
型破りな発想を存分に行う，20％の時間に開発されたものである。グー
グルは，こうした創造的思考を奨励するためにできることがもっとある
と考え，2011年1月，携帯用のソーシャル位置情報アプリケーションを
開発するための実験を始めた。事業所は本社があるマウンテン・ビュー
から一時間ほど離れたサンフランシスコに置かれ，20人の小チームが既
成概念にとらわれず，グーグル内に新たな事業を興す権限を与えられて
いる。チームを率いるのは，グーグルマップ部門を六年間運営してきた
ジョン・ハンクである。『目標は，たたき台をいくつか作り出して，何が
残るかを見てみることです』とハンクは言う。もちろん，ここで生まれ
たアイデアの多くは失敗するだろう。しかし，いくつかは成功し，グー
グルに巨万の富をもたらす事業に進化する。社員が安心して実験し，失
敗する場を与えることで，グーグルは真の破壊的イノベーションにつな
がる，柔軟な思考を維持している。[24]」

　こうした「グーグル」の事例も，まさしく同様である。つまり，これを紹
介している筆者たちは，まだ結果の出ていない「携帯用のソーシャル位置
情報アプリケーション」を事前に評価しているように見えて，実は「グーグ
ル」がこれまでも同じような取り組みで実績を上げてきたという情報に，十
分過ぎるほどに事後的に触れてきたからこそ，今回の「実験」も「逆機能的
結果」で終わらないであろうことを，単に“確率的”に予想できているだけ

24　Radjou, N., Prabhu, J. and Ahuja, S., (2012), *Jugaad Innovation: Think frugal, be
flexible, generate breakthrough growth*, Jossey-Bass, pp.101-102.（月沢李歌子訳『イノベ
ーションは新興国に学べ！―カネをかけず，シンプルであるほど増大する破壊力』日本
経済新聞社，2013年，139～140頁）

だからである。すべての「組織変革」の取り組みが，内部非効率性を改善する「機能的結果」として結実するわけでもないし，また，すべての「組織慣性力」が内部非効率性を発生する「逆機能的結果」として結実するわけでもない。むしろ，「組織変革」が「逆機能的結果」を生み出し，以前の「機能的結果」の水準に戻すべく，また一から従来の「組織慣性力」を構築し直すといったケースも，実際にはあまねく存在するであろう。代表的なものとして，日本企業による成果主義の導入とその失敗，が挙げられるように。

　結局のところ，こうした内部非効率性分析への機能主義アプローチの援用からは，内部非効率性が企業ごとに異なるというだけでなく，その評価についても事前に推し測ることは不可能であることが再確認される形となった。そして，奇しくもそれらの諸点は，前出の企業家精神の分析の結論とも重なり合う部分が多い。その意味では，イノベーション，企業家精神，そして内部非効率性に関する議論は，やはり，一本のラインでつながっている，といえるのではないだろうか。

5-4 小括

　本章では，前章に引き続き，内部非効率性概念の重要性について，今度は実際の企業内部における「組織変革」の具体例から確認することを試みたわけである。

　GE Healthcareによる「組織変革」の内実について，改めて検討を加えた結果，見えてきたものとは，次のような構図であった。すなわち，多国籍企業GEを構成する「グローバル事業」は，それぞれに固有の「組織慣性力」を有しており，その存在こそが同社を１つの有機体たらしめてきたといえる。ここに，「LGT」なる小規模な独立組織が新設されたことにより，既存の「組織慣性力」へと変革圧力が加わることとなった。これが，今回のGEの「組織変革」にあたる。

　功労者たる「グローバル事業のリーダー」を超える，部門横断的な権限を与えられた「LGTのリーダー」は，新興国市場における需要開拓に成果を残す結果となったわけであるが，そこに至る過程においては，「グローバル事

業」からの激しい「打ち返し，あるいははね返り」があったとされる。しかし，GEの「上級幹部」は，「直属に置く」という強硬手段に訴えてでも，あえて「LGT」による「実験」を支持し続け，結果としてイノベーションとしての成功を勝ち取ったわけである。あくまで，事後的な評価となるものの，まさしく，こうした「企業内あつれき」とその改善にこそ，内部非効率性に関する具体的内容を確認し得る，と考えられる。

　では，GEの事例とは，どのような解釈が可能であろうか。つまり，本章に登場するGEと松下電器産業の事例の，その結末の“差”は，いったい何が原因であったと考えられるのか，という問題である。

　本章では，この問題を機能主義アプローチによって解釈することを試みたわけである。同アプローチによれば，その“差”とは，あくまで，「機能的結果」と「逆機能的結果」の程度の“差”でしかない，ということになる。GEの成功事例では，「機能的結果」の程度が「逆機能的結果」の程度を上回り，松下電器産業の失敗例では，「機能的結果」の程度が「逆機能的結果」の程度を下回っていた，ただそれだけの違いに過ぎない，というものである。換言すれば，企業の内部組織に発生した非効率性とは，最終的に「逆機能的結果」が優勢な「総結果の正味の差引」として決着した状態，として位置づけられることになる。

　そして，そのことはまた，いかに内部非効率性が相対的な概念であり，だからこそ，企業個別的であること，さらには，それが非効率であったという評価は，あくまでイノベーションの成否によって後付けされること，といった諸点をも同様に明らかにすることとなった。それは，これまでに明らかにされてきた，イノベーションと企業家精神に関する検討内容とも，やはり整合的であった。しかし，それ以上の発見があったかといえば，決してそうではなかったのも事実である。

　次章では，これまでの検討結果を踏まえ，イノベーションと内部非効率性の関係について，今一度，議論を整理することを試みる。そして，ここから，本書の理論的貢献を明らかにするとともに，その限界や今後の課題についても言及することとしたい。

第6章

総括と今後の課題：
イノベーションと内部非効率性

6-1 総括

本書が明らかにしてきた諸点は，次のように整理することができる。

第1章では，現代企業の直面しているイノベーション課題を取り上げ，その理論的解釈に際して浮かび上がる各論点について，それぞれ明らかにしていくことを試みた。まず，イノベーションを論じる際に，必ず登場する企業家精神というキーワードについて，その具体的な内容を明らかにする必要があると考え，主に青木・伊丹（1985）を参考に論点の抽出を行った。次に，イノベーションが企業の生産活動の一部であるとする限り，その目的が効用創出の対価＝経済的価値の獲得であることを明確にする必要があると考え，主に池本（2004）を参考に論点の抽出を行った。最後に，イノベーションの達成とは，イノベーションが効率的に行われた状態を意味しており，換言すれば，非効率が完全に排除された状態として理解する必要があると考え，Baumol（2002）を参考に論点の抽出を行った。こうした各論点を踏まえ，改めてイノベーションの現代的理解とその理論的解釈について再提示することを，本書の研究目的と位置づけたわけである。

第2章では，イノベーションの現代的理解について，その理論的背景とともに検討を行った。その過程において，経済成長理論におけるTFP（＝MFP）概念を取り上げ，これをイノベーションの客観的な数値的指標と位置づけた。ここから，イノベーションの現代的理解の内容として，次の諸点を再確認するに至った。すなわち，生産関数の変化としてのイノベーションとは，内生的成長理論の主張するところのスピルオーバー効果を含む，いわば，技術の変化による生産性拡大であること。また，革新によって自らの技

167

術を変化させ，生産性拡大を実現した企業とともに，その革新の模倣によって自らの技術を変化させ，同じく生産性拡大を実現した企業の活動成果もまた，TFP（＝MFP）では集計対象に含まれること。そして，こうしたイノベーションの現代的理解の主張が，技術革新とそれを可能とする個人的資質を重視する，まさしくSchumpeter（1926，1928，1934，1950）のイノベーション観との対立を不可避とすること。以上の諸点である。

第3章では，企業家精神について，その現代的理解の可能性を探ることを試みた。Schumpeterのイノベーション観において，個人的資質とされた企業家精神は，しかしながら，イノベーションにとって不可欠なインプットの1つに数えられている。本章では，主にKirzner（1973）やLeibenstein（1978，1987），Williamsom（1963，1967，1970）を参考としながら，生産関数を効率的な技術的関係とさせない企業内部の非効率性に着目し，その改善への取り組みそのものに，企業家精神の所在を見出し得るとする視点を明らかにした。しかし，そうした内部非効率性の改善とは，必ずしも合理性に基づく結果によるものばかりではないため，結局のところ，個人的資質を強調したSchumpeterの主張を完全には排除できないという意味において，企業家精神の現代的理解の限界をも見出し得る結果となった。

以上，こうした限界を有しつつも，イノベーションの現代的理解にとって，内部非効率性という視点が有効であることが確認された。そして，このことは，つづく，第4章及び第5章での検討内容からも追認することが可能であった。

第4章では，競争戦略論における業務効果の理論的位置づけを題材として，内部非効率性の視点の欠如がもたらす理論的課題について，詳しく検討を行った。すなわち，Porter（1996）に代表される競争戦略論の主張では，業務効果について，競争優位性の観点から，完全にその実効性が否定されているが，実はそうした根拠として挙げられていた内容とは，経済学のテキストに登場する新古典派企業を想定したロジックであった。そこでは，現実の企業が個別に非効率を有しているという視点，すなわち，本書でいうところの内部非効率性の視点が，見事に抜け落ちてしまっている。こうした，競争戦略論の理論的限界を明らかにしていく過程からも，本書が提示する内部非効率

性という視点の重要性を，改めて確認することができたといえる。では，内部非効率性という視点をもって，実際の企業ケースに目を向けるとき，内部非効率性とは，どのように記述され，また，どのように解釈されるのであろうか。この点について検討を行ったのが，第5章である。

第5章では，再びGE HealthcareのLGTの事例を取り上げ，内部非効率性の具体的内容とその改善への取り組みの実態について検討を行った。これまでも，本書が指摘するところの内部非効率性に関連した内容は，さまざまな研究において取り上げられ，そして，さまざまな視点から考察がなされてきた。たとえば，本章にも登場するNIH症候群なども，その1つとされる。ただし，先行研究では，あくまで，改善に至るまでの一過程として触れられただけで，内部非効率性そのものの理論的解釈に踏み込むことはなかったといえる。たしかに，GE HealthcareのLGTの分析に，画期的な発見があったわけではないものの，それでも注目に値する点として，内部非効率性を改善すべく新設されたプロジェクトチームに対する，既存組織による抵抗や反発，そして攻撃の存在が挙げられる。つまり，内部非効率性とは，その完全なる排除など決してあり得ず，あくまで，目的の遂行を大きく妨げない程度に抑え込む，というのがその改善の意味するところ，ということになる。

以上，本書が明らかにしてきた諸点を振り返ってきたわけであるが，イノベーションの現代的理解に端を発した新たな理論的解釈への作業とは，まさしく内部非効率性という分析視角の登場とともに，一方では順調な進展を見せたかと思えば，企業家精神という分析視角の登場とともに，他方では何度も停滞を余儀なくされたといえよう。しかしながら，イノベーションという概念にとって，もはや，内部非効率性の視点なくして，その客観的な理論的解釈が困難であることは自明である。TFP（＝MFP）がGDP成長率から資本や労働の伸びを差し引いた"残差"であったように，イノベーションもまた技術変化がもたらす生産性から内部非効率性を差し引いた"残差"でしかない。だからこそ，イノベーションと内部非効率性，その双方について等しく検討する必要があるといえよう。

ただし，本書の考察には，残された課題が数多く存在する。この点については，次節において，詳しく論じることとしたい。

第6章　総括と今後の課題：イノベーションと内部非効率性　169

6-2 今後の課題

(1)「イノベーション」をめぐる残された課題

Baumol（2002）は，「資本主義経済の驚くべき成功の秘密は何だろうか[1]」，という問いに対し，その答えとして，次の3点を挙げている。

> 「第1に，よりすぐれた新製品，あるいは旧製品を生産するためのよりすぐれた方法を考え出そうとして，経済の多くの企業の間で激しい競争が行われること，第2に，その結果として，企業がたまたま現れた適切な発明という形で幸運な偶然の出来事に頼ることを減らすために，イノベーション過程をルーティン化すること，そして最後に，専有技術を自発的に普及させるように競争圧力が働くこと——もちろん適当な収益と引き換えにではあるが，直接的な競争者に対してさえそれが利用できるようにすること——である[2]。」

つまり，Baumol（2002）にとって，「資本主義の成長の主要因[3]」としてのイノベーションとは，市場競争による選別淘汰と組織的・計画的な開発生産体制，そしてスピルオーバーをその特徴としているわけであるが，「技術変化の主要な創造者と広く見なされている独立的発明家[4]」に対しては，ほとんど関心を示そうとはしていない。それは，単にマクロ・ミクロといった分析視角の違いというだけでなく，そもそも，「独立的発明家（lone inventors）」の貢献だけを過大評価することは誤りである，というBaumol（2002）の事実認識そのものに端を発している。

> 「ルーティン化されたイノベーションは一般的な傾向としてそれほどめざましてものではないが…（中略）…疑いなく独立的なイノベーション活動とルーティン化されたイノベーション活動の両方が経済成長に重要な貢献をする[5]。」

1　Baumol,（2002），*op. cit.*, p.20.（邦訳，26頁）

2　*Ibid.*, p.20.（邦訳，27頁）

3　*Ibid.*, p.12.（邦訳，17頁）

4　*Ibid.*, p.21.（邦訳，27頁）

5　*Ibid.*, p.22.（邦訳，28頁）

たしかに，「独立的発明家」や「独立的なイノベーション活動」の貢献分も，実際にTFP（＝MFP）の数値を押し上げることは間違いないものの，それ以上に同値を押し上げる「主要因」として考えられているのが，それらのスピルオーバーの恩恵を含む「ルーティン化されたイノベーション活動」の貢献分，である。すなわち，技術革新そのものだけでなく，その模倣や学習による技術変化を含めた生産力向上を前提に，組織的に「機会に反応」することで「利潤機会をとらえる」というイノベーションのあり方こそ，「資本主義経済の驚くべき成功の秘密」として位置づけることができる，ということである。そして，そのことは，Baumol（2002）もまた，Schumpeter的な企業家機能を前提としたイノベーション観，すなわち，「企業家は機会を創造」することで「利潤を発生させる」，というイノベーションのあり方については，やはり，懐疑的な立場であることを意味している。

　しかし，こうしたBaumol（2002）によるイノベーションの現代的理解にも，課題がないわけではない。すなわち，その理論的基盤ともいうべき，まさしく，スピルオーバーについては，次のような「欠陥」が指摘されているからである。

　　「資本主義経済は多くの成功をもたらしたが，だからといって，それが成長のエンジンとしてなんらの欠陥をももたないとは主張できない。自由企業のもとでのイノベーションは最適からはほど遠いと推測する十分な理由がある…（中略）…最初の最も広く認識されている不完全性の源泉は，イノベーションによって生み出される便益のスピルオーバーである。一般に，特定のイノベーションの便益のかなりの部分が，イノベーターへの補償なしに，その発明の発見や発展になんら貢献しなかった個人あるいは集団に与えられる。しばしば，これらの支払いを行わない受益者のなかには，イノベーションに対する権利を保有する人の競争相手も含まれる。したがって，一般的に推論されることは，投資者がイノベーション過程に社会的に最適な資源量を投入しないだろうということである。」[6]

6　*Ibid.*, p.22.（邦訳，28頁）

つまり，イノベーションの現代的理解を支えている，技術変化に関する情報の非競合性という特徴そのものが，「社会的に最適な資源量」の「投入」を妨げているという意味で，実はイノベーションにとっての非効率性として機能してしまっている，ということである。イノベーション促進のメカニズムそのものが，イノベーションに非効率性を生み出すことを不可避なものとし，その非効率性を埋め合わせるべく，また新たなイノベーションが促される，というわけである。たしかに，量的拡大という意味での経済成長にとって，常に改善の余地が果てしなく続いている状況こそ，まさしく，「最適」である，といえるかもしれない。しかしながら，「イノベーターへの補償なし」という状況が，「イノベーター」にとって不都合である事実に，何ら変わりはない。それは，個人として「独立的発明家」が生まれにくくなるという問題でもあるし，組織として研究開発や機械設備への巨額投資の意思決定がされにくくなる，という問題でもある。

　この他にも，Baumol（2002）では，既出の「発明の所有者が，他者とくに競争相手に対して，秘密，特許，そしてその特許を守るための訴訟といった手段を用いてその使用を拒むインセンティブ[7]」や「不適切なライセンス料の水準[8]」，「競争相手に対して訴訟を起こして，彼らの競争的な活動の勢いを抑制しようとし，さらには損害賠償の形で裁判所によって課されるいくらかの金銭的報酬を求めようとする場合[9]」，そして，「一部の特許戦争における『勝者総取り』という性質[10]」，などを「非効率の源泉」として位置づけていた。そのいずれも，「最適」なイノベーションの実現を妨げる働きをしているため，その意味においてイノベーションの課題とは，本書がこれまで明らかにしてきた，内部非効率性の問題に帰するだけでは不十分であり，現代的な理解でのイノベーションそのものが，実は非効率性の発生と表裏一体となっているという視点と併せて，今一度その全体像を把握し直す必要があるといえる。

　そうした複眼的な視点に基づく，まさしく，Baumol（2002）の主張する

7　*Ibid.*, p.23.（邦訳，29頁）

8　*Ibid.*, p.23.（邦訳，30頁）

9　*Ibid.*, p.24.（邦訳，31頁）

10　*Ibid.*, p.24.（邦訳，31頁）

「統合的なイノベーション理論（an integrated theory of innovation)[11]」の考察については，本書では十分に言及することができなかった。今後の課題の1つとして位置づけたい。

(2) 「内部非効率性」をめぐる残された課題

Baumol（2002）が指摘した「非効率性の源泉」は，それだけではない。

「新しい生産物と新しい工程は，それがなければ相当の価値を保持したはずの先行の生産物や工程の市場性を破壊しうる。もし旧い資産の所有者がイノベーターとは異なる個人あるいは集団であれば，イノベーターは自己のイノベーション活動の程度を決定する際にこの損失の価値を考慮に入れるインセンティブをもたないだろう。たとえば，マイクロソフト・エクセルの創案者は，他のスプレッドシートのソフトウェアの供給者を廃業に追い込む見込みがあっても，思い止まることはなかった。たとえ今支配的である生産物が他のものよりおそらくほんのわずかしか優れていないとしてもそうなるのである。1000万ドルの期待市場価値をもつイノベーションは，その私的期待費用が700万ドルであればイノベーターにとって魅力ある事業であろう。しかし，もしその工程が800万ドルの旧い資産を陳腐化するならば，社会にとって純損失となるだろう[12]。」

換言すると，Baumol（2002）は，社会的厚生を高めるためのイノベーションが，その行き過ぎた競争によって，逆に社会的厚生を損なう可能性について言及している，といえよう。しかし，ここで問題視されている「旧い資産」の「陳腐化」とは，逆に「技術効率」という視点からすると，むしろ，望ましい選択とされてしまう。なぜならば，「他のものよりおそらくほんのわずか」だけでも「優れてい」たとするならば，その技術を利用しないことは，むしろ，「技術非効率」を生み出すことにつながる，と解されるからである。イノベーションにとって望ましいとされる技術の取り扱い方については，このように相反する議論が併存している状態にあるのだが，この問題とは，本書における内部非効率性の議論とも深い関わりをもっている。すなわち，Leibenstein

---

11　*Ibid.*, p.9.（邦訳，12頁）

12　*Ibid.*, pp.22-23.（邦訳，29頁）

（1976，1978，1987）のX-非効率性の議論をベースとした，本書における内部非効率性の議論そのものが，こうした「技術非効率」の概念を持ち込むことによって，その理論的な整合性を失ってしまうからである。

　たとえば，鳥居（2001）は，Farrell（1957）の議論を参考に，企業にとっての「非効率」を，「投入財配分非効率（allocative price inefficiency）」，「技術非効率（technical inefficiency）」，「規模の非効率（scale inefficiency）」の3つに分類している（図表6-1参照）[13]。そして，こうした分類とX-非効率性の内容を，改めて比較してみると，実は，Leibenstein（1976，1978，1987）の主張の曖昧さが浮き彫りとなる，というのである。そのことは，本書全体の内部非効率性の議論そのものの曖昧さをも，やはり，浮き彫りにすることへとつながっていく。

　　「ライベンシュタインによると，技術非効率は『企業の利潤最大化ないしは費用最小化行動の結果として生じた，見かけ上の最大可能な生産量からの乖離』である。たとえば，技術進歩がある場合には，新技術が発見されるごとにタイムラグなしに直ちに工場の生産装置にその技術を体化させないかぎり，工場はその期で利用可能な技術で最大の生産量を達成することはできない。しかし各期ごとに最新の効率的な技術を求めて工場ないしは生産装置を取り替えるのは，取り替えのための費用がゼロでないかぎり明らかに『非効率』である。合理的に行動する工場は，なんらかの適切な時期間隔での生産装置の見直しを選択するであろう。その結果，生産装置は，しばらくの間は多少最新技術を導入した装置と比較して陳腐化していても用いられる。ライベンシュタインの言葉遣いでは，この状態は，『技術非効率』ではあるが，『X非効率』ではない。[14]」

　つまり，Leibenstein（1976，1978，1987）では，図表6-1でいうところの「投入財配分非効率」については，「投入物利用にあたっての極大効果と現実

13　鳥居昭夫（2001）『日本産業の経営効率—理論・実証・国際比較』NTT出版，18頁。文中に登場するFarrell（1957）の原論文は，次のとおり。Farrell, M. J., (1957), "The Measurement of Productive Efficiency," *Journal of the Royal Statistical Society*, Vol. 120, No. 3, pp.253-290.

14　鳥居（2001），前掲書，NTT出版，16頁。

図表6-1　非効率の３分類

■　投入財配分非効率

「企業が利潤を最大にしている限り，総費用が最小となるように技術が選択されるは
ずである。もし，最小の生産費用をもたらす技術が選択されなかった場合，最小の
生産費用より高い費用を支出しなければならない。このとき，その企業には投入財
配分非効率が存在するという。投入財配分非効率を抱えたまま生産活動を行うと，
最小の生産費用を実現している企業に比べて高い費用がかかる。費用が高いと，そ
の企業は長期に生き残ることができない。効率的な企業は，より低い価格で供給で
きるからである」

■　技術非効率

「たとえ望ましい技術を選んだとしても，投入財の利用に無駄があったり，生産管理
を適切に行わなかったために，利用した資源から可能な最大の生産量を実現できな
いことがある。この場合も，生産量１単位当たりでみると費用が増大している。こ
のような非効率を技術非効率という。逆に技術非効率がない状態とは，実際に生産
活動に投入した資源からは，可能な最大の生産量を実現している状態である。この
ような状態を生産フロンティア上で行われているという。技術非効率があれば，生
産フロンティアと離れたところで生産されていることになる」

■　規模の非効率

「一定量の生産水準を実現すれば，規模の経済性によって低い費用を実現できたとす
る。それにもかかわらず，十分な生産水準で操業しないと，やはり費用は増大する。
このようにして生じる非効率は規模の非効率という」

出所：鳥居昭夫（2010）「市場成果」井出秀樹・鳥居昭夫・竹中康治『入門・産業組織』有斐閣，
225〜226頁。

の有効性とのあいだの差」であり，配分された後の"活用上の非効率性"で
あるとして，自らのX-非効率性概念との共通性を打ち出しているのに対し，
同じく図表6-1でいうところの「技術非効率」については，「技術的非効率性
の概念が，私がX-非効率という用語を使ったやり方と類似の方法で文献の中
で取り上げられてきている[15]」として，一転して，自らのX-非効率性概念と
の共通性を否定するのである。

　「『技術的』という言葉のイメージは，なんらかのタイプの『内部的』
（internal）非効率性を導きうるような組織内部の他の諸要素とはきわめ

15　Leibenstein, (1987), *op. cit.*, p.261.（邦訳，324頁）

て異なっている…（中略）…少なくとも『内部』効率性についての三つ
の要素が心に浮かんでくる。すなわち，（1）個人的な裁量的要素，（2）
組織的な側面と（3）動機的な諸要素である。換言すれば，ある1個人
は一定の範囲内で裁量性をもちあわせているかもしれないし，またある
一定の仕方で決定したいと望んでいるかもしれないが，組織上の障害が
このような意思決定を妨げうるし，かつ動機上の考慮が意思決定を実行
する際の継続性を失わせることもありうる。これらの問題については技
術上の事がらは何も存在しないようにおもわれる。したがって，可能な
らば，この領域では技術的非効率性の概念を使用することを避けるのが
望ましいようにおもわれる。[16]」

　鳥居（2001）は，こうしたX-非効率性概念における「非効率」の定義づけ
の曖昧さについて，批判しているわけである。たしかに，「投入財配分非効
率」については認め，「技術非効率」については認めないとするLeibenstein
（1976，1978，1987）の主張は，一貫性に欠けている。そして，そのことは，
「生産関数を真に『効率的な技術的関係』たらしめるための内部管理構造の
問題」に着目し，これを内部非効率性の問題として位置づけ直すことで，イ
ノベーションと企業家精神に関する理論体系として再構築することを試みた，
まさしく，本書の分析視角そのものの妥当性が問われることをも意味してい
る。

(3) 再び「イノベーション」をめぐる残された課題

　しかし，そもそも現実の企業で働く人々は，図表6-1のような「非効率」の
すべてを認知できるわけではないし，また，たとえそれを認知できたとして
も，「非効率」を「効率」へと実際に転換させる行動へと進むかどうかは，認
知の問題とは別次元の話ではないだろうか。現実の企業組織を構成し，また，
意思決定を行っているのは，"生身の人間"である。その意味では，X-非効率
性概念とは，いわば，新古典派企業観から導かれる「非効率」ではなく，あ
くまで，"生身の人間"を前提とした，現実の企業組織から導かれる「非効

16　*Ibid.*, pp.261-262.（邦訳，324頁）

率」を想定している，として理解することもできよう。つまり，図表6-1とは別建ての「非効率」を，内部非効率性の議論においては再設定することにより，この問題は，まったく異なる展開を見せる可能性も指摘し得る，ということである。

「投入財配分非効率，技術非効率，規模の非効率のどの非効率があっても最小の費用を実現できない。非効率の残る企業は，競争メカニズムが有効に働く限り，市場から淘汰されてしまうはずである。非効率を克服している企業が，非効率の残る企業よりも安く製品を供給でき，シェアを奪えるからである。したがって，市場でずっと生き残っている企業は最小の費用を実現しているはずである。しかし，現実には市場で供給している企業の費用にはばらつきが残っているのが普通である…（中略）…独占などによって競争メカニズムが十分に働いていない場合には，非効率がある企業も存続できる。すなわち，独占的ないしは寡占的な状態にある企業の費用水準は，最小限の費用ではない可能性がある。こうして残る非効率はライベンシュタインにならってX非効率と呼ばれる。理由をはっきりと明確にすることはできないが，費用水準が増大してしまう傾向を『X』と称したのである。X非効率が存在すると，もっと低い費用で生産できる機会があったにもかかわらず，効率的な生産に比べ高い費用をかけてしまっており，それだけ資源を浪費してしまっていることになる。効率的な生産を実現していれば，無駄にしてしまった資源を使って，より多くの製品の生産に使うことができたかもしれないし，他の製品を生産できたかもしれない。したがって，パレート最適な状態にはない。[17]」

鳥居（2010）が，「X非効率」について，あくまで，「パレート最適」を念頭に置きながら論じているのに対し，Leibenstein（1987）は，「X非効率」について，むしろ，「パレート最適」とは真逆の「不完全市場（imperfect market）」を念頭に置きながら論じている，といえよう。つまり，Leibenstein（1987）にとっての「X非効率」とは，あくまで，「パレート最適な状態にはない」こ

---

17 鳥居昭夫（2010）「市場成果」井出秀樹・鳥居昭夫・竹中康治『入門・産業組織』有斐閣，226～227頁。

第6章 総括と今後の課題：イノベーションと内部非効率性 177

とを前提に，「その時点での技術的極大効率と現実の効率状態の差異[18]」として位置づけられる，ということである。「最小の費用を実現できない」ことを，むしろ，当然の結果として許容している企業の姿こそ，Leibenstein（1987）の想定する"企業観"にほかならない。

　「ある確立している産業に参入するために新たに企業を設立することは，もし既存の企業が最小生産費用に等しい製品価格で首尾よく操業している場合には，きわめて恐ろしいことになる。企業家が期待できる最良のことは，彼が既存の企業と同様の行動をとることであって，それを上回ることはないであろうということである。もし彼がわずかでもこの基準にみたない場合には，彼は損失をこうむり，あげくのはてには破産するであろう。タイトな均衡は，並はずれて才能ある個人がその基準に合致することを要求する。しかしもし企業家が，われわれが費用についてのルーズな慣性領域均衡の範囲と言っているものに直面した場合には，企業家の課題は，ちょうど平均的な能力をもつ個人，あるいはほんのわずかに平均能力を上まわる個人にとってより処理しやすいものとなる…（中略）…不完全市場において行動する企業は，製品差別化，市場との対比での大規模化，そして競争を制限するための政治的手段を含めたさまざまな方法によって，部分的にあるいは完全に，費用最小化への圧力を回避することができる。それらのうちの若干（おそらく大半）の企業は，費用を最小化してはいない…（中略）…ルーズな均衡というより広い領域内での慣性領域行動に関する仮説は，このような企業がおそらく発見しうる可能性をもつあらゆる利益獲得の機会を積極的には追及しないだろうということを物語っている。収益をふやし，あるいは費用を減らすために，これらの企業が常時，なしうる最善をつくすという代わりに，企業構成員は企業における他の人びとの"正常な"努力水準を受け入れようとするだろう[19]。」

　この他にも，企業の「成功」を「何らかの一連の完全な行動の集合」とし

18　植村利男（1980a）「経済効率を越えて」丸尾直美・熊谷彰矩編著『質の経済学——アメニティ社会の実現』同文舘出版，92頁。

19　Leibenstein, (1987), *op. cit.,* pp.122-123.（邦訳，156〜158頁）

てではなく，「さまざまな実際に試みられた行動」から「選ばれ」た結果として把握すべきとする，Alchian（1950）の"企業観"もまた，「最小の費用を実現できない」ことを前提としている点で，Leibenstein（1987）のそれとの共通性を見出せるかもしれない[20]。

　「企業をよくできた機械と考えるのは，経済学が19世紀の力学的な世界観に大きな影響を受けていたひとつの現われである。実際のところ経済学は，物理学を理想として理論が作られてきた。これに対して，すでにいまから60年あまり前に経済学者のマーシャルは，経済学と物理学との結びつきはないのであって，むしろ経済学を生物学の一分野とみるべきであると主張していた。そしてこのように経済学と生物学とを結びつける努力は，細々とではあるがずっと続いてきた。アルチアンは1950年に『不確実性と進化と経済理論』という題の論文を書いた。そのなかで彼は，企業が利益を最大にするように行動するという伝統的な考え方は，現実の企業のふるまいを知るうえで不要であるばかりか，まったく無力であるとさえ言っている。企業は不確実な環境のもとで行動せざるを得ないため，あらかじめ利益を最大にするようなプランを客観的に立てることはできない，というのがアルチアンの主張の要点である。利益の大きさは，よくても確率的にしか定まらない。そうであれば，企業のふるまいをあらかじめ機械仕掛けのように決めてやることはできなくなる。むしろ企業は，それぞれに試行錯誤で行動を手さぐりしながら生きのびようと努力する生物に近いとみるのが，当を得ているのではないだろうか。そのうえで環境の側が，結果として高い利益をあげることのできた企業を，生き残れる企業として選択しているのであろう。だから，たとえ利益を最大にしている企業があったとしても，それは企業の行動の要因ではなくて，むしろ環境によって選ばれた結果なのである[21]。」

20　Alchian, A. A., (1950), "Uncertainty, Evolution, and Economic Theory," *Journal of Political Economy*, Vol.58, No.3, p.220. この点に関しては，North, D. C., (1981), *Structure and Change in Economic History*, W. W. Norton, pp.6-7.（大野一訳『経済史の構造と変化』日経BP社，2013年，22～23頁），も参考のこと。

21　西山賢一（1985）『企業の適応戦略—生物に学ぶ』中央公論社，28～29頁。

第6章　総括と今後の課題：イノベーションと内部非効率性　179

たしかに，こうした“企業観”を前提とすれば，鳥居（2001）による「X非効率」批判の追求をかわすことも十分可能となろう。しかし，企業に「ルーズな慣性領域」を見出したり，あるいは，企業を「生物」に見立てたりすることで，結果的に「非効率」という概念に対して，さまざまな解釈の余地を残すということは，実は，イノベーションという概念に対しても，同様にさまざまな解釈の余地を残してしまうことを意味している。そもそも，「非効率」の尺度基準が定まらなければ，「非効率」がすべて改善された状態である，まさに，イノベーション達成の尺度基準もまた，結局，定まらないことになってしまうからである。

> 「技術革新そのものは技術的なことであるが，その採用・実現には人間的要素，組織的要素が大きく関与しているので，X効率的側面の考察が不可欠である。」[22]

さらには，企業家精神の取り扱いについても，大きな課題が残されている。つまり，本書では一貫して，企業家精神を内部非効率性の改善という視点から論じてきた。よって，こうした内部非効率性の源泉については，その根底からの解消が不可欠と主張してきたわけである。では，そうした具体例として挙げた，「自由裁量」について今一度考えてみると，それを奪われた「従業員」や「経営者」が，果たして「新古典派経済学の予測するような利潤最大化行動あるいは企業価値最大化行動」に向かって，全身全霊で打ち込むかといえば，決してそうならないことは容易に想像できよう。なぜならば，「自由裁量の余地」の「増大」こそ，「人間」の「職務の関心を高めさせる」ための最善の方策，と一般には解されているからである。

> 「人間は，仕事に不満を抱くと職場環境に関心が向き，また仕事に満足している時には，仕事そのものに生き甲斐を感ずるものである…（中略）…職務の関心を高めさせるには，職務を改善し，職務にたいする従業員の統制力，つまり自由裁量の余地を増大してやらねばならない。」[23]

企業家精神の目的とは，たしかに，「自由裁量」といった内部非効率性を改

22　植村利男（1980b）「企業経営とX効率論」丸尾直美・熊谷彰矩編著『質の経済学―アメニティ社会の実現』同文舘出版，132頁。

23　同上，120頁。

善することであるのだが，では，その目的を遂行するために不可欠なものとは，まさしく，「自由裁量」の存在にほかならないとされる。そして，そのロジックは，そのまま前出の「スラック」の議論にも，同じく該当してしまう。その意味では，「自由裁量」や「スラック」もまた，効率・非効率の尺度基準として，実は，曖昧なままにある，といえる。こうした，数多くのパラドックスを抱えたままの議論が，本書の一部として内在している点に，改めて残された課題の大きさを再認識せざるを得ない。

　そして，この間にも，イノベーションの現代的理解に含めるべき研究対象は，増大する一方である。たとえば，「多様度だけが多様度を破壊することができる」[24]とするAshby（1956）の着想にヒントを得た，いわゆる「多様性（diversity）[25]」に関する研究などがそれに該当するであろう。こうした，イノベーション研究の現代的潮流についても，本書では一切触れることができなかった。よって，本書が取り上げた内容は，すべて基本的なものばかりとなっており，発展的内容については完全に抜け落ちている状態にある。

　以上，残された課題は，あまりにも膨大かつ多岐にわたるが，その検討については他日を期すこととしたい。

24　Ashby, W. R., (1956), *An Introduction to Cybernetics*, Chapman & Hall, p.207.（篠崎武・山崎英三・銀林浩共訳『サイバネティクス入門』宇野書店，1967年，256頁）

25　代表的な研究として，Amabil, T. M., (1996), *Creativity in Context: Update to the social psychology of creativity*, Westview Press; Stark, D., (2009), *The Sense of Dissonance: accounts of worth in economic life*, Princeton University Press,（中野勉・中野真澄訳『多様性とイノベーション─価値体系のマネジメントと組織のネットワーク・ダイナミズム』日本経済新聞出版社，2011年），などが挙げられる。また，この点に関しては，林倬史・中山厚穂（2009）「戦略的知識創造とダイバーシティ・マネジメント─P&G社と花王社の比較」『三田商学研究』第51巻第6号，30頁，を参考とした。

引用文献

外国語文献

Abernathy, W. J. and Utterback, J. M., (1978), "Patterns of Industrial Innovation," *Technology Review*, Vol 80, No.7, pp.40-47.

Acs, Z. J. and Audretsch, D. B., (1987), "Innovation, Market Structure, and Firm Size," *The Review of Economics and Statistics*, Vol.69, No.4, pp.567-574.

Alchian, A. A., (1950), "Uncertainty, Evolution, and Economic Theory," *Journal of Political Economy*, Vol.58, No.3, pp.211-221.

Amabil, T. M., (1996), *Creativity in Context: Update to the social psychology of creativity*, Westview Press.

Ansoff, H. I., (1965), *Corporate Strategy: Business policy for growth and expansion*, McGraw-Hill Book Company. (広田寿亮訳『企業戦略論』産業能率大学出版部, 1969年)

Aoki, M., (1984), *The Co-Operative Game Theory of the Firm*, Oxford University Press. (青木昌彦訳『現代の企業―ゲームの理論からみた法と経済』岩波書店, 1984年)

Arrow, K., (1962), "Economic Welfare and the Allocation of Resources for Invention," in Universities-National Bureau Committee for Economic Research, and Committee on Economic Growth of the Social Science Research Council, (eds.), *The Rate and Direction of Inventive Activity: Economic and social factors*, Princeton University Press, pp.609-626.

Ashby, W. R., (1956), *An Introduction to Cybernetics*, Chapman & Hall. (篠崎武・山崎英三・銀林浩共訳『サイバネティクス入門』宇野書店, 1967年)

Baumol, W. J., (1959), *Business Behavior, Value and Growth*, The Macmillan Company. (伊達邦春・小野俊夫訳『企業行動と経済成長』ダイヤモンド社, 1962年)

Baumol, W. J., (2002), *The Free-Market Innovation Machine: Analyzing the growth miracle of capitalism*, Princeton University Press. (足立英之監訳／中村保・山下賢二・大住康之・常寛泰貴・柳川隆・三宅敦史訳『自由市場とイノベーション―資本主義の成長の奇跡』勁草書房, 2010年)

Burgelman, R. A., Christensen, C. M. and Wheelwright, S. C., (2004), *Strategic Management of Technology and Innovation*, 4th ed., McGraw-Hill/Irwin. (青島矢一・黒田光太郎・志賀敏宏・田辺孝二・出川通・和賀三和子監修／岡真由美・斉藤裕一・櫻井裕子・中川泉・山本章子訳『技術とイノベーションの戦略

的マネジメント（下）』翔泳社，2007年）

Besanko, D., Dranove, D. and Shanley, M., (2000), *Economics of Strategy*, 2nd ed., John Wiley & Sons.（奥村昭博・大林厚臣監訳『戦略の経済学』ダイヤモンド社，2002年）

Blaug, M., (1997), *Not Only an Economist: Recent essays by Mark Blaug*, Edward Elgar.

Brooks, F. P., (1995), *The Mythical Man-Month: Essays on software engineering*, Anniversary edition with four new chapters, Addison-Wesley.（滝沢徹・牧野祐子・富澤昇訳『人月の神話』丸善出版，2014年）

Christensen, C. M., (1997), *The Innovator's Dilemma: When new technologies cause great firms to fail*, Harvard Business School Press.（玉田俊平太監修・伊豆原弓訳『イノベーションのジレンマ—技術革新が巨大企業を滅ぼすとき【増補改訂版】』翔泳社，2001年）

Coase, R. H., (1937), "The Nature of the Firm," *Economica*, Vol.4, No.16, pp.386-405.（宮沢健一・後藤晃・藤垣芳文訳『企業・市場・法』東洋経済新報社，1992年）

Cyert, R. M. and March, J. G., (1963), *A Behavioral Theory of the Firm*, Prentice-Hall.（松田武彦・井上恒夫訳『企業の行動理論』ダイヤモンド社，1967年）

Dyer, J. H., Gregersen, H. B. and Christensen, C., (2008), "Entrepreneur Behaviors, Opportunity Recognition, and The Origins of Innovative Ventures," *Strategic Entrepreneurship Journal*, 2, pp.317-338.

Farrell, M. J., (1957), "The Measurement of Productive Efficiency," *Journal of the Royal Statistical Society*, Vol.120, No.3, pp.253-290.

Fisman, R. and Sullivan, T., (2013), *The ORG: The underlying logic of the office*, Twelve.（土方奈美訳『意外と会社は合理的—組織にはびこる理不尽のメカニズム』日本経済新聞社，2013年）

Flaherty, J. E., (1979), *Managing Change*, Nellen Publishing Company.（中村元一・大河内信司訳『企業家精神と経営戦略』日本能率協会，1980年）

Gneezy, U. and List, J. A., (2013), *The Why Axis: Hidden motives and the undiscovered economics of everyday life*, PublicAffairs.（望月衛訳『その問題，経済学で解決できます』東洋経済新報社，2014年）

Godin, B., (2008), "In the Shadow of Schumpeter: W. Rupert Maclaurin and the study of technological innovation," *Minerva*, Vol.46, No.3, pp. 343-360.

Govindarajan, V. and Trimble, C., (2012), *Reverse Innovation: Create far from home, win everywhere*, Harvard Business Review Press.（渡部典子訳・小林喜一郎解説『リバース・イノベーション—新興国の名もない企業が世界市場を

支配するとき』ダイヤモンド社，2012年）

Greenwald, B. and Kahn, J., (2005), *Competition Demystified: A radically simplified approach to business strategy*, Portfolio. （辻谷一美訳『競争戦略の謎を解く―コロンビア大学ビジネス・スクール特別講義』ダイヤモンド社，2012年）

Greve, H. R., (2003), "A Behavioral Theory of R&D Expenditures and Innovations: Evidence from shipbuilding," *Academy of Management Journal*, Vol.46, No.6, pp.685-702.

Hall, B. H. and Rosenberg, N., (2010), "Introduction to the Handbook," in Hall, B. H. and Rosenberg, N., (eds.), *Handbook of The Economics Innovation*, Vol.1, Elsevier.

Harford, T., (2006), *The Undercover Economist*, Little, Brown. （遠藤真美訳『まっとうな経済学』ランダムハウス講談社，2006年）

Hart, O., (1995), *Firms, Contracts, and Financial Structure*, Oxford University Press. （鳥居昭夫訳『企業 契約 金融構造』慶應義塾大学出版会，2010年）

Hébert, R, F. and Link, N., (1982), *The Entrepreneur: Mainstream views and radical critiques*, Praeger Publishers. （池本正純・宮本光晴訳『企業者論の系譜―18世紀から現代まで』ホルト・サウンダース・ジャパン，1984年）

Hubbard, R. G. and O'Brien, O. P., (2012), *Economics*, 4th ed., Prentice-Hall. （竹中平蔵・真鍋雅史訳『ハバード経済学Ⅱ―基礎ミクロ編』日本経済新聞社，2014年）

Immelt, J. R., Govindarajan, V. and Trimble, C., (2009), "How GE is Disrupting Itself," *Harvard Business Review*, Vol.87, No.10, October. （関美和訳「GE：リバース・イノベーション戦略―画期的な新製品は新興国から生まれる」『ハーバード・ビジネス・レビュー』第35巻第1号（通巻256号），2001年）

Jones, C. L., (1998), *Introduction to Economic Growth*, W. W. Norton & Company. （香西泰監訳『経済成長理論入門―新古典派から内生的成長理論へ』日本経済新聞出版社，1999年）

Kelly, D. and Amburgey, T. L., (1991), "Organizational Inertia and Momentum: A dynamic model of strategic change," *Academy of Management Journal*, Vol.34, No.3, pp.591-612.

Kilduff, M., (1993), "The Reproduction of Inertia in Multinational Corporations," in Ghoshal, S. and Westney, D. E., (eds.), *Organization Theory and the Multinational Corporation*, The Macmillan Press. （岩崎尚人訳「多国籍企業における組織慣性力の再生産」江夏健一監訳・IBI国際ビジネス研究センター訳『組織理論と多国籍企業』文眞堂，1998年）

Kirzner, I. M., (1973), *Competition and Entrepreneurship*, The University of Chicago Press. （田島義博監訳／江田三喜男・小林逸太・佐々木實雄・野口智雄共

訳『競争と企業家精神―ベンチャーの経済理論』千倉書房，1985年）

Kirzner, I. M., (2001), *Ludwig von Mises: The man and his economics*, ISI Books. （尾近裕幸訳『ルートヴィヒ・フォン・ミーゼス―生涯とその思想』春秋社，2013年）

Krugman, P. and Wells, R., (2006), *Economics*, Worth Publishers. （大山道広・石橋孝次・塩澤修平・白井義昌・大東一郎・玉田康成・蓬田守弘訳『クルーグマン ミクロ経済学』東洋経済新報社，2007年）

Larsen, E. and Alessandro, L., (2002), "Representing Change: A system model of organizational inertia and capabilities as dynamic accumulation processes," *Simulation Modelling Practice and Theory*, Vol.10, pp.271-296.

Leibenstein, H., (1976), "Micro-Micro Theory, Agent-Agent Trade and X-Efficiency," in Dopfer, K., (ed.), *Economics in the Future: Toward a new paradigm*, Macmillan Press. （土志田征一訳「ミクロ・ミクロ理論，代理人対代理人取引およびX効率性」都留重人監訳『これからの経済学―新しい理論範式を求めて』岩波書店，1978年）

Leibenstein, H., (1978), *General X-Efficiency Theory and Economic Development*, Oxford University Press.

Leibenstein, H., (1987), *Inside the Firm: The inefficiencies of hierarchy*, Harvard University Press. （鮎沢成男・村田稔監訳／芦澤成光・鮎沢成男・有賀祐二・高橋由明・袴田兆彦・日高克平・村田稔訳『企業の内側―階層性の経済学』中央大学出版部，1992年）

Magretta, J., (2012), *Understanding Michael Porter: the essential guide to competition and strategy*, Harvard Business Review Press. （櫻井祐子訳『〔エッセンシャル版〕マイケル・ポーターの競争戦略』早川書房，2012年）

Marshall, A., (1961), *Principles of Economics*, 9th ed., Macmillan. （馬場啓之助訳『マーシャル経済学原理Ⅰ』東洋経済新報社，1965年）

Merton, R. K., (1957), *Social Theory and Social Structure: Toward the codification of theory and research*, Free Press. （森東吾・森好男・金沢実・中島竜太郎訳『社会理論と社会構造』みすず書房，1961年）

Milgrom, P. and Roberts, J., (1992), *Economics, Organization and Management*, Prentice-Hall. （奥野正寛・伊藤秀史・今井晴雄・西村理・山羊甫訳『組織の経済学』NTT出版，1997年）

Mises, L. von., (1966), *Human Action: A treatise on economics*, 3rd ed., Henry Regnery Company. （村田稔雄訳『ヒューマン・アクション』春秋社，1991年）

Mizutani, F. and Nakamura, E., (2014), "Managerial Incentive, Organizational Slack, and Performance: Empirical analysis of Japanese firms' behavior," *Journal of Management and Governance*, Vo.18, pp.245-284.

Morita, A., Reingold, E. M. and Shimomura, M., (1987), *Made in Japan: Akio Morita and SONY*, John Weatherhill. (下村満子訳『MADE IN JAPAN—わが体験的国際戦略』朝日新聞社, 1990年)

Nellis, J. G. and Parker, D., (2006), *Principles of Business Economics*, 2nd ed., Prentice Hall. (岩本明憲・小野晃憲監訳『ビジネス・エコノミクス原理』ピアソン・エデュケーション, 2009年)

Nelson, R. R. and Winter, S. G., (1982), *An Evolutionary Theory of Economic Change*, The Belknap Press of Harvard University Press. (後藤晃・角南篤・田中辰雄訳『経済変動の進化理論』慶應義塾大学出版会, 2007年)

North, D. C., (1981), *Structure and Change in Economic History*, W. W. Norton. (大野一訳『経済史の構造と変化』日経BP社, 2013年)

Porter, M. E., (1996), "What Is Strategy?," *Harvard Business Review*, November-December, (編集部訳「[新訳] 戦略の本質」『DIAMONDハーバード・ビジネス・レビュー』第36巻第6号 (通巻273号), ダイヤモンド社, 2011年)

Radjou, N., Prabhu, J. and Ahuja, S., (2012), *Jugaad Innovation: Think frugal, be flexible, generate breakthrough growth*, Jossey-Bass. (月沢李歌子訳『イノベーションは新興国に学べ！―カネをかけず, シンプルであるほど増大する破壊力』日本経済新聞社, 2013年)

Redlich, F., (1951), "Innovation in Business: A systematic presentation," *The American Journal of Economics and Sociology*, Vol.10, Issue 3, pp.285-291.

Romer, P. M., (1990), "Endogenous Technological Change," *Journal of Political Economy*, Vol.98, No.5, pp.71-102.

Schumpeter, J. A., (1926), *Theorie der wirtschaftlichen Entwicklung: Eine Untersuchung über Unternehmergewinn, Kapital, Kredit, Zins und den Konjunkturzyklus*, 2. Aufl., Duncker und Humblot. (塩野谷祐一・中山伊知郎・東畑精一訳『経済発展の理論—企業者利潤・資本・信用・利子および景気の回転に関する一研究 (上)』岩波書店, 1977年)

Schumpeter, J. A., (1928), Unternehmer, in: *Handwörterbuch der Staatswissenschaften*, hg. v. Ludwig Elster u. a., 4. gänzlich umgearbeitet. Auflage, Bd. 8, Jena. (清成忠男訳『企業家とは何か』東洋経済新報社, 1998年)

Schumpeter, J. A., (1934), *The Theory of Economic Development: An inquiry into profits, capital, credit, interest, and the business cycle*, Harvard University Press. (塩野谷祐一・中山伊知郎・東畑精一訳『経済発展の理論—企業者利潤・資本・信用・利子および景気の回転に関する一研究 (上)』岩波書店, 1977年)

Schumpeter, J. A., (1950), *Capitalism, Socialism and Democracy*, 3rd ed., Harper & Row. (中山伊知郎・東畑精一訳『資本主義・社会主義・民主主義』東洋経

済新報社，1995年）

Simon, H. A., (1997), *Administrative Behavior: A study of decision-making processes in administrative organizations*, 4th ed., The Free Press.（二村敏子・桑田耕太郎・高尾義明・西脇暢子・高柳美香訳『［新版］経営行動—経営組織における意思決定過程の研究』ダイヤモンド社，2009年）

Solow, R. M., (1957), "Technical Change and the Aggregate Production Function," *Review of Economics and Statistics*, Vol.39, pp.312-320.

Stark, D., (2009), *The Sense of Dissonance: Accounts of worth in economic life*, Princeton University Press.（中野勉・中野真澄訳『多様性とイノベーション—価値体系のマネジメントと組織のネットワーク・ダイナミズム』日本経済新聞出版社，2011年）

Taleb, N. N., (2004), *Fooled by Randomness : The hidden role of chance in life and in the markets,* TEXERE.（望月衛訳『まぐれ—投資家はなぜ，運を実力と勘違いするのか』ダイヤモンド社，2008年）

Tidd, J., Bessant, J. and Pavitt, K., (2001), *Managing Innovation: Integrating technological, market and organizational change*, 2nd ed., John Wiley & Sons.（後藤晃・鈴木潤監訳『イノベーションの経営学—技術・市場・組織の統合的マネジメント』NTT出版，2004年）

Williamson, O. E., (1963), "A Model of Rational Management Behavior," in Cyert, R. M. and March, J. G., *A Behavioral Theory of the Firm*, Prentice-Hall.（O. E. ウイリアムソン「合理的経営者行動のモデル」松田武彦・井上恒夫訳『企業の行動理論』ダイヤモンド社，1967年）

Williamson, O. E., (1967), *The Economics of Discretionary Behavior: Managerial objectives in a theory of the firm*, Markham Publishing Company.（井上薫訳『裁量的行動の経済学—企業理論における経営者目標』千倉書房，1982年）

Williamson, O, E., (1970), *Corporate Control and Business Behavior: An inquiry into the effects of organization form on enterprise behavior*, Prentice-Hall.（岡本康雄・高宮誠共訳『現代企業の組織革新と企業行動』丸善株式会社，1975年）

OECD Data（URL https://data.oecd.org/）

OECD.Stat（URL http://stats.oecd.org/）

日本語文献

秋野晶二（2008）「EMS の現代的特徴と OEM」『立教ビジネスレビュー』第 1 号，82
　　〜97頁
安藤浩一・宇南山卓・慶田昌之・宮川修子・吉川洋（2010）「プロダクト・イノベー
　　ションと経済成長：日本の経験」（RIETI Policy Discussion Paper Series 10-
　　P-018）
青木昌彦・伊丹敬之（1985）『企業の経済学』岩波書店
青島矢一・加藤俊彦（2003）『競争戦略論』東洋経済新報社
淺羽茂（2004）『経営戦略の経済学』日本評論社
馬場正弘（2008）「企業業績と技術革新の意思決定―東証 1 部上場企業に対するア
　　ンケートの分析」『敬愛大学研究論集』第73号，27〜62頁
馬場正弘（2010）「企業の経営環境と技術革新」千田亮吉・塚原康博・山本昌弘編
　　著『行動経済学の理論と実証』勁草書房
中小企業庁編（2002）『中小企業白書 2002年版』
深尾京司（2012）『「失われた20年」と日本経済―構造的原因と再生への原動力の解
　　明』日本経済新聞出版社
後藤晃（2000）『イノベーションと日本経済』岩波書店
後藤晃・元橋一之（2005）「特許データベースの開発とイノベーション研究」『知財
　　研フォーラム』Vol.63，43〜49頁
後藤晃・長岡貞男（2003）『知的財産制度とイノベーション』東京大学出版会
速水佑次郎（2009）『新版 開発経済学―諸国民の貧困と富』創文社
林倬史（1989）『多国籍企業と知的所有権―特許と技術支配の経済学』森山書店
林倬史（2016）『新興国市場の特質と新たな BOP 戦略―開発経営学を目指して』文
　　眞堂
林倬史・中山厚穂（2009）「戦略的知識創造とダイバーシティ・マネジメント―P&G
　　社と花王社の比較」『三田商学研究』第51巻第 6 号，25〜51頁
一橋大学イノベーション研究センター編（2001）『イノベーション・マネジメント
　　入門』日本経済新聞社
細田衛士（2012）『グッズとバッズの経済学―循環型社会の基本原理【第 2 版】』東
　　洋経済新報社
池本正純（1984）『企業者とはなにか―経済学における企業者像』有斐閣
池本正純（2004）『企業家とはなにか―市場経済と企業家機能』八千代出版
今井賢一（2008）『創造的破壊とは何か―日本産業の再挑戦』東洋経済新報社
今井賢一・伊丹敬之・小池和男（1982）『内部組織の経済学』東洋経済新報社
猪木武徳（1987）『経済思想』岩波書店
井上忠勝（1980）「F. Redlich と経営史学」『経済経営研究年報』神戸大学経済経営

研究所，第30号（Ⅱ），25〜38頁

伊丹敬之（2004）『経営と国境』白桃書房

伊丹敬之・加護野忠男（2003）『ゼミナール経営学入門【第3版】』日本経済新聞社

伊藤秀史・林田修（1996）「企業の境界—分社化と権限委譲」伊藤秀史編『日本の企業システム』東京大学出版会

岩田智（2007）『グローバル・イノベーションのマネジメント—日本企業の海外研究開発活動を中心として』中央経済社

軽部大（2017）「イノベーションを見る眼—周縁と変則」一橋大学イノベーション研究センター編『一橋ビジネスレビュー』第64巻第4号，東洋経済新報社，44〜55頁

加藤晋（2014）「設研の視点 第33回 リーダー企業の保守的経営」日本政策投資銀行・設備投資研究所website（URL http://www.dbj.jp/ricf/pdf/information/column/RICF_Column_20141104.pdf）

川越敏司（2013）『現代経済学のエッセンス—初歩から最新理論まで』河出ブックス

今野喜文（2012）「日本企業の戦略を捉えなおす—日本企業は戦略論に何を学ぶのか」『北星学園大学経済学部北星論集』第51巻第2号（通巻第61号），1〜25頁

楠木建（2010）『ストーリーとしての競争戦略—優れた戦略の条件』東洋経済新報社

楠木建（2013）「クリステンセンが再発見したイノベーションの本質」『DIAMONDハーバード・ビジネス・レビュー』第38巻第6号（通巻297号），ダイヤモンド社，48〜58頁

三菱UFJリサーチ＆コンサルティング（2009）「民間企業等における経常的な効率化方策等（業務の分析・『見える化』及び組織目標管理）の国の行政組織への導入に関する調査研究の請負」

宮川努（2006）「生産性の経済学—我々の理解はどこまで進んだか」（日本銀行ワーキングペーパーシリーズ No.06-J-06）

宮田由紀夫（2011）『アメリカのイノベーション政策—科学技術への公共投資から知的財産化へ』昭和堂

文部科学省（2013）『科学技術白書 平成25年版』

文部科学省 科学技術・学術政策研究所 第1研究グループ（2014）「第3回全国イノベーション調査報告」（NISTEP REPORT No.156）

永田晃也・後藤晃（1998）「サーベイデータによるシュムペーター仮説の再検討」『ビジネスレビュー』第45巻第3号，38〜48頁

長岡貞夫（2011）「日本企業の生産性とイノベーション・システム—成長力強化に向けて」藤田昌久・長岡貞夫編著『生産性とイノベーションシステム』日本評

論社

内閣府（2003）『平成15年度　年次経済財政報告』

中島隆信（2001）『日本経済の生産性分析—データによる実証的接近』日本経済新聞社

根井雅弘（2016）『企業家精神とは何か—シュンペーターを超えて』平凡社

西山賢一（1985）『企業の適応戦略—生物に学ぶ』中央公論社

延岡健太郎・伊藤宗彦・森田弘一（2006）「コモディティ化による価値獲得の失敗—デジタル家電の事例」榊原清則・香山晋編著『イノベーションと競争優位—コモディティ化するデジタル家電』NTT出版

沼上幹（2016）『ゼロからの経営戦略』ミネルヴァ書房

小田切宏之（2010）『企業経済学【第2版】』東洋経済新報社

岡室博之（2005）「スタートアップ期中小企業の研究開発投資の決定要因」（RIETI Discussion Paper Series 05-J-015）

大橋弘（2014）『プロダクト・イノベーションの経済分析』東京大学出版会

關智一（2012）「現代企業のイノベーション課題に関する一考察—企業家精神，機敏性，そして効率的な生産者」『立教経済学研究』第66巻第2号，1～18頁

關智一（2015）「現代企業のイノベーション課題とその対策」『経営学論集 第85集』（URL http://www.jaba.jp/resources/c_media/themes/theme_ 0 /pdf/JBM_RP85-E88-2014_F_53.pdf）

關智一（2016a）「『イノベーションと企業家精神』の現代的理解（上）—青木・伊丹（1985）の所説に寄せて」『立教経済学研究』第69巻第3号，107～125頁

關智一（2016b）「『イノベーションと企業家精神』の現代的理解（下）—青木・伊丹（1985）の所説に寄せて」『立教経済学研究』第69巻第4号，143～161頁

關智一（2017）「競争戦略論における業務効果の再検討—配分上の非効率性とX非効率性」『立教経済学研究』第70巻第4号，75～98頁

清水龍瑩（1973）「イノヴェーションと最高経営者の意思決定」土方丈一郎・宮川公男編『企業行動とイノヴェーション』日本経済新聞社

十川広国（1991）『企業家精神と経営戦略』森山書店

鈴木潤・後藤晃（2007）「日本の特許データを用いたイノベーション研究について」『日本知財学会誌』Vol. 3，No. 3，17～30頁

武石彰・青島矢一・軽部大（2012）『イノベーションの理由—資源動員の創造的正当化』有斐閣

戸堂康之（2008）『技術伝播と経済成長—グローバル化時代の途上国経済分析』勁草書房

鳥居昭夫（2001）『日本産業の経営効率—理論・実証・国際比較』NTT出版

鳥居昭夫（2010）「市場成果」井出秀樹・鳥居昭夫・竹中康治『入門・産業組織』有斐閣

植村利男（1980a）「経済効率を越えて」丸尾直美・熊谷彰矩編著『質の経済学―ア
　　メニティ社会の実現』同文舘出版

植村利男（1980b）「企業経営とX効率論」丸尾直美・熊谷彰矩編著『質の経済学―
　　アメニティ社会の実現』同文舘出版

若杉隆平・伊藤萬里（2011）『グローバル・イノベーション』慶應義塾大学出版会

渡辺千仭（2001）『技術革新の計量分析―研究開発の生産性・収益性の分析と評価』
　　日科技連出版社

渡辺千仭（2007）『技術経済システム』創成社

渡辺千仭・宮崎久美子・勝本雅和（1998）『技術経済論』日科技連出版社

薬師寺泰蔵（1989）『テクノヘゲモニー』中央公論社

山田英夫（2015）『競争しない競争戦略―消耗戦から脱する3つの選択』日本経済
　　新聞社

米倉誠一郎（2017）「企業の新陳代謝とクレイジー・アントルプルヌアの輩出」一
　　橋大学イノベーション研究センター編『一橋ビジネスレビュー』第64巻第4
　　号，東洋経済新報社，68〜77頁

米谷悠（2012）「『イノベーション』に対する認識の日米独比較」文部科学省・科学
　　技術政策研究所・第1研究グループ（調査資料-208）

米谷悠（2015）「第1回〜第3回全国イノベーション調査の経年比較の試み（調査設
　　計及び調査事項の整理とそれに基づく産業別・企業規模別の比較考察）」文部
　　科学省・科学技術政策研究所・第1研究グループ（Discussion Paper No.116）

『日経SYSTEMS』2008年5月号

「日本経済新聞」2012年5月25日，6月12日，6月14日，7月8日，2013年5月
　　15日，2015年2月2日付

内閣府（2014）第10回「選択する未来」委員会・配布資料3（URL http://www5.
　　cao.go.jp/keizai-shimon/kaigi/special/future/1001/shiryou_03_3.pdf）

日本GEウェブサイト（URL http://www3.gehealthcare.co.jp/）

SPEEDA（URL https://jp.ub-speeda.com/）

索引

事項索引

アイデア …… 47, 48, 49, 109, 163
アロー効果 …… 79
ブラック・ボックス …… 130, 137, 138
CIS …… 44
エージェンシー費用 …… 95, 96
EMS …… 17, 22, 23, 24
不完全市場 …… 98, 102, 107, 109, 177, 178
不均衡 …… 16, 17, 22, 25, 57, 60, 82, 85, 97, 109, 111
ふつうの人びと …… 103, 104, 105
GDP …… 33, 52
GDP成長率 …… 169
限定された合理性 …… 107, 108, 138
技術変化 …… 32, 33, 162, 169, 170, 171, 172
技術非効率 …… 173, 174, 175, 176, 177
技術革新 …… 7, 69, 79, 102, 168, 171, 180
技術効率 …… 173
技術の変化 …… 30, 31, 43, 49, 88, 98, 167
技術の革新 …… 54, 55, 56, 57, 58, 62, 68, 69, 70
技術進歩 …… 31, 32, 40, 49, 52, 174
技術的変換機能 …… 54
逆機能的結果 …… 161, 162, 163, 164, 165
業務効果 …… 113, 114, 117, 118, 119, 120, 121, 122, 126, 127, 128, 129, 131, 132, 136, 137, 141, 142, 168
配分上の非効率性 …… 140
破壊的イノベーション …… 76, 163
非効率性 …… 14, 15, 16, 17, 19, 21, 22, 24, 25, 26, 73, 88, 101, 138, 140, 142, 143, 154, 165, 168, 172, 173, 175
非効率性の源泉 …… 21, 173

費用選好 …… 92, 93
不完全な雇用契約 …… 91, 92
インフルエンス・コスト …… 95, 97
インセンティブ …… 7, 21, 77, 79, 80, 81, 110, 135, 153, 172, 173
イノベーション …… 1, 2, 3, 4, 5, 6, 7, 8, 10, 11, 17, 18, 19, 20, 21, 22, 25, 26, 27, 28, 29, 30, 31, 32, 33, 40, 41, 42, 43, 44, 46, 47, 49, 50, 51, 52, 53, 54, 55, 57, 58, 59, 60, 61, 64, 66, 67, 68, 69, 70, 74, 76, 77, 78, 79, 80, 81, 84, 88, 96, 98, 101, 102, 105, 107, 108, 109, 110, 111, 112, 143, 153, 154, 156, 162, 163, 164, 165, 167, 168, 169, 170, 171, 172, 173, 180, 181
イノベーター …… 22, 24, 25, 75, 171, 172, 173
持続的イノベーション …… 76
価格競争 …… 109, 119, 127, 132, 134, 135, 136
官僚制の逆機能 …… 5, 146
完全競争企業 …… 136
活用上の非効率性 …… 140, 175
経営者裁量仮説 …… 94
経営人 …… 107, 108, 112, 142
契約関係の束 …… 137, 138
経済発展 …… 55, 69, 82, 83
経済成長 …… 24, 27, 32, 40, 49, 170, 172
経済人 …… 108, 111, 142
研究開発効率 …… 19
研究開発集約度 …… 19
機敏性 …… 1, 25, 83, 84, 162
規模の非効率 …… 174, 177

企業家機能 …… 1, 17, 61, 109, 171

企業家精神 …… 1, 2, 3, 4, 5, 6, 8, 13, 14, 15, 25, 26, 27, 53, 54, 59, 60, 61, 62, 63, 64, 66, 67, 68, 70, 71, 73, 74, 81, 82, 83, 84, 87, 88, 97, 98, 99, 101, 103, 104, 105, 107, 108, 109, 110, 111, 112, 143, 160, 164, 165, 167, 168, 169, 176, 180

企業行動 …… 1, 111, 154

企業内あつれき …… 148, 150, 151, 153, 156, 158, 159, 160, 165

企業の行動心理 …… 103

企業の境界 …… 91

機会損失 …… 154

機能 …… 42, 51, 54, 77, 86, 91, 101, 142, 147, 148, 153, 160, 161, 162, 172

機能主義 …… 144, 160,

機能的結果 …… 161, 162, 164, 165

希少性 …… 60, 62, 63, 67, 68, 70

国際化プレミアム …… 149

効率性 …… 14, 22, 33, 77, 80, 81, 87, 88, 126, 127, 128, 130, 139

効率性の効果 …… 77, 80, 81

効率的な技術的関係 …… 87, 88, 89, 98, 111, 168, 176

効率的な生産者 …… 1, 21, 22, 24, 25

交渉の場 …… 137, 138, 139

効用 …… 14, 17, 24, 95

効用の創出 …… 17, 20, 25

競争戦略論 …… 113, 114, 117, 129, 130, 131, 136, 141, 142, 168

競争優位 …… 41, 113, 117, 118, 119, 120, 121, 122, 123, 125, 126, 127, 128, 129, 130, 131, 132, 142

LGT …… 9, 10, 11, 13, 74, 143, 156, 157, 158, 159, 160, 162, 164, 165, 169

埋没費用の効果 …… 77, 79, 80, 81

マネジメントのコスト …… 86

満足化 …… 108

MFP …… 27, 33, 40, 50, 69, 167, 168, 169, 171

模倣 …… 49, 50, 53, 118, 119, 121, 122, 168, 171

内部非効率性 …… 88, 89, 92, 95, 97, 98, 99, 101, 109, 111, 112, 113, 114, 142, 143, 144, 146, 148, 153, 154, 159, 160, 161, 162, 164, 165, 168, 169, 172, 173, 174, 176, 177, 180

内部管理構造の問題 …… 88, 139, 176

内部組織 …… 85, 86, 87, 97, 98, 102, 143, 153, 158, 159, 165

内生的成長理論 …… 47, 49, 167

NIH …… 152, 160

NIH症候群 …… 152, 169

日常性 …… 15, 16, 25, 82, 154

パレート最適 …… 177

プリンシパル・エージェンシー …… 95

プロダクトイノベーション …… 40, 41, 42

プロセスイノベーション …… 40, 41, 42

リバース・イノベーション …… 9, 10, 14, 156, 158

利潤機会 …… 17, 57, 60, 63, 68, 83, 171

利潤最大化 …… 22, 137, 162, 174

ローカル・グロース・チーム …… 10, 11, 156

差別化 …… 41, 122, 123, 124, 125, 127

参入障壁 …… 123, 124, 125, 126, 127, 130

参照点 …… 102, 103, 104, 105, 106, 108

生産関数 …… 30, 31, 32, 40, 41, 43, 49, 69, 87, 88, 89, 98, 111, 167, 168, 176

生産関数の上方シフト …… 32, 40, 49, 69

生産関数のシフト …… 41, 43

生産性の向上 …… 31, 41, 43, 46, 49, 69, 84, 87, 109, 126

成長会計 …… 31

戦略 …… 10, 112, 113, 114, 117, 119, 120, 121, 122, 123, 124, 126, 127, 128, 130, 131, 142, 156

市場取引のコスト …… 85, 86

新結合の遂行 …… 56, 70

新規性 …… 46, 49, 50, 54, 58, 69

新古典派企業 …… 113, 129, 154, 168

索引　193

新古典派成長理論 ……31

ソロー残差 …… 33

組織変革 …… 33, 143, 144, 145, 146, 147, 148, 152, 154, 159, 160, 161, 162, 164

組織管理上の工夫 …… 2, 8, 10, 13, 14, 15, 74, 110, 156

組織慣性力 …… 144, 145, 146, 147, 148, 151, 152, 160, 162, 164

組織内取引のコスト ……86, 88

総結果の正味の差引 …… 161, 162, 165

創造的破壊 …… 2, 4, 6, 14, 17, 18, 20, 25, 52, 53, 55, 57, 58, 60, 61, 62, 63, 68, 69, 70

創造的知識の蓄積 …… 52, 57

スカンクワークス …… 74, 75

スピルオーバー …… 33, 47, 48, 49, 167, 170, 171

スラック …… 13, 14, 97, 102, 105, 106, 181

小規模な独立組織……75, 76, 77, 110, 164

少数の個人しかもたないような資質 …… 62, 63, 66, 67, 70, 82, 108

シュンペーター仮説 …… 1, 2, 3, 4, 6, 8, 63, 64, 68, 70, 74, 103

多様性 …… 181

多要素生産性 …… 27, 33

TFP …… 27, 28, 31, 32, 33, 40, 49, 69, 167, 168, 169, 171

取引コスト …… 85

取替効果 …… 77, 79, 80, 81

投入財配分非効率 …… 174, 176, 177

統制上の損失 …… 87

X-非効率性 …… 1, 13, 14, 25, 88, 139, 174

X非効率性 …… 140

全国イノベーション調査報告 …… 44, 52

全要素生産性 …… 27, 33

実地実験 …… 99, 100, 107, 111

自由裁量 …… 89, 91, 92, 98, 101, 180, 181

人名・社名索引

Abernathy, W. J. and Utterback, J. M. …… 41

Alchian, A. A. …… 179

Ansoff, H. I. …… 131, 142

Aoki, M. …… 137, 141, 142

青木昌彦・伊丹敬之 …… 1, 3, 6, 27, 54, 55, 57, 58, 59, 61, 63, 64, 67, 68, 69, 70, 73, 74, 81, 82, 87, 110, 111, 167

Ashby, W. R. …… 181

馬場正弘 …… 102

Baumol, W. J. …… 1, 21, 52, 167, 170, 171, 172, 173

Besanko, D., Dranove, D. and Shanley, M. …… 80, 95, 134

Christensen, C. M. …… 75, 76

Coase, R. H. …… 85

Cyert, R. M. and March, J. G. …… 105, 106, 131

Farrell, M. J. …… 174

GE …… 8, 9, 10, 11, 13, 14, 15, 16, 74, 142, 154, 155, 156, 158, 159, 160, 161, 162, 164, 165,

GE Healthcare …… 143, 154, 159, 160, 164, 169

Gneezy, U. and List, J. A. …… 99

Govindarajan, V. and Trimble, C., …… 156

Greenwald, B. and Kahn, J. …… 123, 124, 126, 127, 134

Greve, H. R. …… 102, 103, 104, 105, 106, 107, 108, 112

グーグル …… 163

Hall, B. H. and Rosenberg, N. …… 32

Harford, T. …… 124, 127

Hart, O. …… 91, 92

林倬史 …… 7

Hubbard, R. G. and O'Brien, O. P. …… 29, 30

池本正純 …… 1, 16, 18, 97, 167

Immelt, J. R., Govindarajan, V. and Trimble, C. …… 9, 10

猪木武徳 …… 137

伊丹敬之 …… 148, 149

伊藤秀史・林田修 …… 97

岩田智 …… 152

Jones, C. L. …… 47

科学技術・学術政策研究所 …… 44

軽部大 …… 50

Kirzner, I. M. …… 1, 14, 15, 73, 82, 83, 84, 111, 168

Krugman, P. and Wells, R. …… 87

楠木建 …… i

Leibenstein, H. …… 1, 13, 73, 88, 89, 91, 103, 104, 105, 111, 139, 140, 141, 168, 173, 174, 176, 177, 178, 179

Lockheed …… 74

Magretta, J. …… 120, 122, 127, 130, 132

Marshall, A. …… 18

松下電器産業 …… 152, 153, 154, 160, 165

Merton, R. K. …… 5, 91, 144, 160

Milgrom, P. and Roberts, J. …… 95

Mises, L. von. …… 15

宮田由紀夫 …… 7

盛田昭夫 …… 18

長岡貞夫 …… 33, 47

内閣府 …… 40

小田切宏之 …… 42

OECD …… 33

大橋弘 …… 42

Porter, M. E. …… 113, 114, 117, 118, 119, 122, 127, 128, 129, 132, 136, 141, 142, 168

索引　195

Redlich, F. ……50

Romer, P. M. ……47, 49

Schumpeter, J. A. ……1, 2, 14, 28, 54, 55, 56, 58, 61, 62, 63, 67, 68, 69, 70, 71, 82, 109, 112, 168

關智一……iii

Simon, H. A. ……108

十川広国……98

Solow, R. M. ……31, 32

ソニー……18, 19, 24, 80

Taleb, N. N. ……73

Tidd, J., Bessant, J. and Pavitt, K. ……50

鳥居昭夫……174, 176, 177, 180

中小企業庁……7

Williamson, O. E. ……73, 86, 92, 94, 95

山田英夫……132

米倉誠一郎……6

初出一覧

第1章　關智一(2012)「現代企業のイノベーション課題に関する一考察—企業家精神，機敏性，そして効率的な生産者」『立教経済学研究』第66巻第2号，1〜18頁

第2章　關智一(2016a)「『イノベーションと企業家精神』の現代的理解(上)—青木・伊丹(1985)の所説に寄せて」『立教経済学研究』第69巻第3号，107〜125頁

第3章　關智一(2016b)「『イノベーションと企業家精神』の現代的理解(下)—青木・伊丹(1985)の所説に寄せて」『立教経済学研究』第69巻第4号，143〜161頁

第4章　關智一(2017)「競争戦略論における業務効果の再検討—配分上の非効率性とX非効率性」『立教経済学研究』第70巻第4号，75〜98頁

　上記論文の本書への収載に際し，加筆訂正を行っている。

●著者紹介

關 智一（せき　ともかず）

立教大学経済学部准教授。博士（経営学）（立教大学）。
立教大学大学院経済学研究科（博士課程中退）。小樽商科大学商学部助手，東洋大学経営学部講師・准教授，ミズーリ大学セントルイス校客員研究員を経て現職。多国籍企業学会理事，国際ビジネス研究学会幹事，アジア経営学会評議員，日本経営学会会員，Academy of International Business 会員。
専門は，多国籍企業論，企業行動論，イノベーションマネジメント。
著書に『多国籍企業とグローバルビジネス［改訂版］』（第5章）税務経理協会，2017年，論文に「多国籍企業理論の再構築に関する一考察—レディング学派の内部化理論における特許効力否定の背景をめぐって」『國民経済雑誌』第183巻，第5号，2001年（1-16頁）（第8期国際ビジネス研究学会学会奨励賞受賞）など。

■ イノベーションと内部非効率性
　　　— 技術変化と企業行動の理論 —

■ 発行日──2017年11月6日　初版発行　　　　　　　〈検印省略〉
■ 著　者──關　智一
■ 発行者──大矢栄一郎
■ 発行所──株式会社 白桃書房

　　　〒101-0021　東京都千代田区外神田5-1-15
　　　☎ 03-3836-4781 ℻ 03-3836-9370　振替 00100-4-20192
　　　http://www.hakutou.co.jp/

■ 印刷・製本──藤原印刷

　　©Tomokazu Seki 2017 Printed in Japan　ISBN 978-4-561-26702-7 C3034

本書のコピー，スキャン，デジタル化等の無断複製は著作権法上での例外を除き禁じられています。本書を代行業者等の第三者に依頼してスキャンやデジタル化することは，たとえ個人や家庭内の利用であっても著作権法上認められておりません。

[JCOPY]〈㈳出版者著作権管理機構 委託出版物〉
本書の無断複写は著作権法上の例外を除き禁じられています。複写される場合は，そのつど事前に，㈳出版者著作権管理機構（電話 03-3513-6969，FAX 03-3513-6979，e-mail：info@jcopy.or.jp）の許諾を得てください。
落丁本・乱丁本はおとりかえいたします。

好 評 書

坂下昭宣【著】
経営学への招待[第3版]　　　本体 2,600 円

沼上　幹【著】
行為の経営学　　　本体 3,300 円
　　―経営学における意図せざる結果の探究

藤原綾乃【著】
技術流出の構図　　　本体 3,500 円
　　―エンジニアたちは世界へとどう動いたか

氏家　豊【著】
イノベーション・ドライバーズ　　　本体 3,000 円
　　―IoT 時代をリードする競争力構築の方法

湯川　抗【著】
コーポレートベンチャリング新時代　　　本体 2,800 円
　　―本格化するベンチャーの時代と大手 ICT 企業の成長戦略

冨田　賢【著】
IoT 時代のアライアンス戦略　　　本体 2,750 円
　　―人工知能の進化とマッチング数理モデルの提案

宮尾　学【著】
製品開発と市場創造　　　本体 3,800 円
　　―技術の社会的形成アプローチによる探求

安藤史江　他　【著】
組織変革のレバレッジ　　　本体 3,800 円
　　―困難が跳躍に変わるメカニズム

―――――――――――　東京 **白桃書房** 神田　―――――――――――
本広告の価格は本体価格です。別途消費税が加算されます。